C.O.T.
강력 치유 훈련

김응렬 목사 지음

나침반

추천사

치료자 되시는 하나님을 드러내는 교재가 되길!

김장환 목사 (극동방송 이사장)

치유의 역사들은 단지 성경에 나오는 이야기만은 아닙니다. 지금도 세계곳곳에서 치유의 역사가 일어나고 있습니다. 이것은 하나님께서 살아 역사하고 계시다는 사실을 입증하고 있습니다. 그러나, 일부에서 이루어지고 있는 치유사역이 본질에서 떠나 부작용을 낳고, 오해를 불러일으키고 있는 것 또한 사실입니다.

결국 성경적인 바른 치유사역의 정립과 치유사역자가 필요한 때인 것입니다.

이런 속에서 극동방송에서 치유와 회복을 위한 프로그램인 소망의 기도를 인도하셨고, 목회자선교협의회에서 활동하고 계신 김응렬 목사님께서 치유사역교재를 펴내시게 된 것은 여간 반가운 일입니다.

목사님께서 26년동안 해오신 치유 사역을 정리한 이 교재는 치유준비과정부터 실제까지 치유사역의 모든 것이 담겨져 있습니다.

하나님께서 원하시는 삶은 건강한 삶입니다. 육적인 치유만이 아니라 정신적, 영적인 치유를 통한 회복을 원하고 계십니다.

이 일을 통해 개인과 가정과 교회, 나아가 우리가 속해있는 공동체가 건강해질 수 있기 때문입니다.

아무쪼록 이 교재가 널리 활용되어 치유사역의 바른 정립이 이루어지고, 여호와 라파, 즉 치료자되시는 하나님을 드러낼 수 있게 되길 간절히 바라며, 기쁘게 추천하는 바입니다.

감사합니다.

서문

예수님께서 명하신 3대 사역!

하나님께서는 모든 교회가 예수님께서 명하신 3대사역 즉 가르치고, 전파하고, 치유하는 교회가 되기를 원하고 계십니다. 즉, 이 세 가지 사역은 교회를 지탱하는 세 기둥과 같기 때문입니다. 그 중에 치유사역은 예수님의 사역 가운데 70%를 차지할 만큼 비중이 컸습니다. 그 이유는 그것이 가르치고 전파하는 일보다 더 영적으로 뛰어난 사역이기 때문이 아니라 사람들이 감성에 따라 많이 움직이기 때문에 지식에 뛰어나신 주님께서 그렇게 설정하신 것이라고 보아야 합니다.

귀신들린 한 불쌍한 여인을 도와주어야겠다는 마음으로 시작한 치유사역이 어언 26년이란 시간이 지났습니다. 치유사역에 고달픔도 있었고 아픔도 있었지만 돌이켜 생각해보면 모든 것이 하나님의 계획하심이었고 하나님의 은혜였음을 고백합니다.

치유는 인간의 의지와는 상관없이 하나님께서 하시는 일이므로 더 더욱이 그렇게 말하지 않을 수 없습니다.

처음 치유사역을 시작할 때 치유사역은 많은 분들로부터 터부(taboo)시 되는 분위기를 느꼈습니다. 1980년대는 우리나라에 성경공부가 왕성하게 진행되던 시기였으므로 은사나 성령의 나타나심은 큰 관심의 대상에서 벗어난 느낌을 받지 않을 수 없었습니다.

물론 그 이유만 있는 것은 결코 아닙니다.

사실은 잘 못된 은사지상주의식의 은사자들의 실수가 그 일에 큰 몫을 했다고 봅니다. 그것은 교회로 하여금 힘을 잃게 하려는 사탄의 음모였습니다. 이로 말미암아 신학교에서는 더 더욱이 치유사역이 금기시 되었습니다. 그래서 반드시 커리큘럼에 들어 가 있어야 할 치유사역이 거의 모든 신학교에서 제외 되었습니다.

저는 신학교에서 예수님의 절대 명령인 3대 사역을 반드시 지켜내야 한다고 믿고 있습니다. 그런데 왜 그 일을 주저하고 안 하고 있는 것일까요? 그 이유는 교재에서도 밝혀지겠지만 교회들이 충분히 준비할 여건이 성숙되지 못했었기 때문이고 그것을 체계적으로 정리해서 모든 교회 모든 목회자 모든 성도가 치유할 수 있도록 준비하지 못했기 때문에 은사가 나타나도 대처를 하지 못한 데서 비롯된 것입니다. 필자 또한 한 동안은 그랬습니다. 아니 그럴 수밖에 없는 환경이었다고 말해야 할 것입니다.

1990년대도 그랬지만 2000대에 들어서면서도 전도는 그야말로 교회들의 사활을 건 몸부림이었습니다. 전도를 위한 각양의 이벤트가 진행되었고 막대한 재정을 쏟아 부었습니다. 그렇게 열심히 전도한 결과 교회가 부흥된 측면도 있었지만 수평이동이라는 오명을 남기게 되었습니다.

그리고 또 한 가지 문제점은 교회들이 그렇게 전도를 많이 해도 전체적으로 볼 때 교인 수가 감소하고 있다는 안타까운 현실을 맞이하게 되었다는 점입니다.

예수님의 3대사역이 가르치고 전파하고 치유하는 것이라면 교회는 성경공부나 전도, 치유사역 세 가지를 균형 있게 조직화하고 펼쳐야만 건강해 질 수 있고 건강을 유지할 수 있습니다. 교회는 이제부터라도 예수님의 3대사역을 균형 있게 준비하고 펼쳐야 합니다. 그래야 영성이 살아나게 됩니다.

유럽의 교회들이 문을 닫게 된 이유가 여러 가지 있겠지만 가장 근본적인 이유는 영성을 잃은 데 있다는 사실을 아무도 부인하지 못할 것입니다. 중세에 계몽주의가 등장하면서 신비주의의 닻이 내려진 것은 잘 된 일이지만 반대급부로 중세교회의 영성까지 매도당한 일은 교회역사에 가장 큰 타격 중에 하나입니다. 그것이 교회로 하여금 영성을 잃게 하는 사탄의 계략이었음을 당시의 교회들은 알 수 없었습니다. 그러므로 모든 교회 모든 목회자 모든 성도가 예수님께서 명하신 3대사역 곧 가르치고 전파하고 치유하는 사역을 회복해야 합니다. 본 교재는 이 문제를 해결하는 데 일조하는 대안으로 하나님께서 허락하신 교재입니다.

모든 교회가 예수님의 3대사역을 하려면 목회자는 3대 사역의 감독이며 코치의 역할을 해야 합니다. 코치는 훈련을 시키는 전문가입니다. 모든 목회자가 3가지의 은사를 다 소유했다고 할 수는 없습니다. 그러나 목회자는 반드시 3대사역을 관리 감독해야 하는 책임을 가지고 있습니다.

목회자는 코치입니다. 코치는 운동장에서 뛰지 않습니다. 그러나 선수들을 관리 감독하는 임무가 코치에게 있습니다. 운동장에서 뛰는 선수로서가 아니라 코치로서 그 일을 해야 합니다.

그리고 모든 성도는 치유사역자로 훈련되어져야 합니다. 교육과 전도를 모든 성도가 해야 하듯이 치유도 모든 성도가 함께 해야 하는 일입니다.

큰 틀에서 볼 때 신학교에서는 3대 사역에 대한 커리큘럼이 균형 있게 짜여져 있어야 합니다. 잘 아는 바와 같이 지식 일변도의 신앙은 위험합니다. 영지주의가 바로 그 한 예입니다. 전도만을 지나치게 강조하는 일도 그러합니다. 전도가 중요한 건 두 말할 나위가 없지만 그렇다고 전도에만 몰두하는 교회도 균형을 잃은 교회입니다.

그리고 영성만을 강조하여 지식을 무시하는 것 또한 위험합니다.

예수님께서 3대사역을 말씀하신 이유는 그렇게 사역할 때 사역이 균형을 이룰 수 있기 때문입니다. 3대사역의 균형 있는 실천은 지성과 영성 뿐 아니라 영혼구원에 대한 풍부한 감성까지 전인적인 사역이 가능해 질 수 있도록 해줍니다. 3대 사역을 균형 있게 펼치는 교회가 가장 건강한 교회입니다. 본 교재는 바로 이러한 맥락에서 꾸며졌습니다.

1,000명의 주부들에게 "급한 일이 생기면 어디로 가겠는가?"라는 설문조사를 했더니 대부분의 주부들이 무당이나 점쟁이에게 가겠다고 답했다는 말은 이 시대가 얼마나 영적으로 피폐한 지를 보여주는 예라고 생각합니다. 사람들은 감각적인 것을 좋아합니다. 눈으로 보고 손으로 만져보아야 직성이 풀립니다. 예수님의 치유사역이 전 사역 중의 약 70%가 되었던 이유가 바로 여기에 있다고 봅니다. 각종 이단이나 타종교의 포교활동이 매우 공격적으로 나타나고 있는 이때에 교회가 예수님의 지상명령인 모든 족속으로 제자를 삼는 일에 쓰임 받기를 원합니다.

언어가 통하지 않아도 치유사역은 어디서나 통한다는 사실을 안다면 선교사 훈련에도 반드시 이 훈련이 필수과정으로 들어가야 한다고 확신합니다.

이 교재는 극동방송에서 특집방송으로 방송된 후로 열화와 같은 관심과 성원에 힘입어 출판이 될 수 있었으며 여러 차례「소망의 기도」방송을 통해 치유된 분들이 감사와 함께 치유훈련 교재 요청의 메시지를 전해왔습니다. 그것이 출판을 더욱 앞당기는 계기가 되었습니다.

끝으로 이 교재가 출판될 수 있도록 추천해 주신 극동방송 이사장이신 김장환 목사님과 김은기 사장님, 출판 될 수 있도록 안내해 준 극동방송의 김보성 계장님과 극동방송 청취자들 그리고 나침반출판사 김용호대표님과 직원들에게 감사합니다.

나아가 끝까지 곁에서 함께 해 준 나의 동역자인 아내와 교재 편집에 함께 해 준 첫째 딸 수혜와 둘째 딸 찬미 그리고 이 사역을 위해 기도하는 셋째 딸 로이스와 막내 다니엘, 온세은 행정간사와 교회의 온 가족들에게 감사를 드립니다.

이 교재를 출판케 해주신 하나님께 모든 영광을 돌립니다.

하나님의 나라가 확장되길 고대하며-
김응렬 목사

제01권

치유사역은 왜 필요한가?

제1과 • 치유사역은 왜 필요한가? 14
제2과 • 치유사역자가 알아야 할 것은 무엇인가? 24
제3과 • 치유의 정의와 범위에 대하여 알아보라 39
제4과 • 치유사역자가 되기 위하여 영적 청결을 준비하라 50
제5과 • 치유사역자가 되기 위하여 믿음을 준비하라 59
제6과 • 치유사역자가 되기 위하여 말씀을 준비하라 69
제7과 • 치유사역자가 되기 위하여 권능(능력)을 준비하라 81
제8과 • 치유를 위해 치유사역자가 점검해야 할 것은 무엇인가? 91
제9과 • 피치유자를 준비시켜라 104

치유는 전도하듯이
모든 믿는자의 사역이다

지금까지 한국교회는 치유사역에 대하여 좋지 않은 시각을 가지고 있었다.

첫 번째 이유는 치유사역에 대한 인식의 부족 때문이다.
많은 사람들이 치유사역을 예수님 당시에만 국한하는 역사로 인식하는가 하면 치유사역은 특정한 사람들에게서만 나타난다는 생각들을 가지고 있었다. 그래서 교회 안에서 치유사역훈련이 실시되지 못하였다. 그러다보니 치유사역은 교회의 3대 사역임에도 불구하고 음성적으로 비밀리에 시행되는 경우가 적지 않았고 이로 인하여 너무나도 많은 부작용이 따랐다.

두 번째는 잘못된 은사주의자들의 무분별한 행동 때문이다.
예수님의 3대 사역에 대한 이해가 부족한 상태에서 신유은사의 사용은 많은 부작용을 낳았고 한국교회는 은사에 대해 마음을 닫기 시작했다. 그 결과 교회 안에서 치유사역에 대한 거부감을 갖거나 심한 경우에는 은사자들을 무시하고 배척하는 일까지 일어났다. 그러다 보니 치유사역이 교회 안에서 실시되지 못할 뿐 아니라 실시된다 하더라도 음성적으로 되거나 된다 해도 미미하게 나타났다.

그러나 이제 한국교회는 미국 다음으로 세계 제2의 선교대국의 자리에 서게 되었다. 또한 그동안 대부분의 교회들이 가르치는 사역에 힘을 쏟으므로 지적 수준이 어느 정도 궤도에 오르게 되었다. 이러한 시점에서 한국교회는 더 이상 지체하지 말고 예수님의 3대사역을 균형 있게 시행해야 한다. 중요한 것은 균형이다. 어느 분야가 중요하다고 한 분야에 치우치는 것은 성경적이라고 할 수 없다.

교회의 사역은 예수님께서 하셨던 것처럼 하는 것이 가장 바람직하다. 예수님은 "내가 한 것처럼 너희도 하라"고 말씀하시기 때문이다.

다만 예수님 당시의 이스라엘의 영적 토양과 우리나라의 영적 토양과는 정서적 차이가 있으므로 치유에 있어서 고려되어야 할 사항임을 알고 시작하는 것이 도움이 된다.

예수님 당시 이스라엘의 영적 토양은 선민사상과 메시야 대망사상으로 차 있었다. 그들은 하나님께서 특별히 자신들을 선택하셨음을 확신했고 하나님께서 때가 되면 메시야를 보내주셔서 자기 민족을 구원해 주실 것이라는 기대 속에 살고 있었다. 그러므로 당시에는 예수님께로 나아가는 사람들에게 어느 정도 영적 이해가 있었다.

그러나 우리의 토양은 이스라엘과 다르다. 그러므로 치유사역을 함에 있어서 이 점을 고려한다면 더욱 치유를 효과적으로 할 수 있다. 어쨌든 치유사역은 예수님의 명령이며 예수님의 3대사역이라는 점을 잊지 말아야 한다.

치유사역을 하려면 교회가 먼저 치유사역에 대한 바른 인식을 가져야 함은 물론, 치유사역에 눈을 뜨고 치유사역훈련을 할 수 있도록 준비되어야 한다.

교회들은 치유사역이 어떤 특정한 목회자나 교회만이 하는 것으로 오해하지 말아야 한다. 치유는 모든 교회에서 일어나야 하는 필수적인 사역이다.

왜 그런가? 주님께서는 모든 믿는 사람들에게 3대사역을 하라고 명령하셨기 때문이다. 만약 교회가 치유사역에 대해 눈을 뜨고 바른 인식을 갖는다면 교회마다 일정한 비율의 치유 은사자가 나타나는 것을 보게 될 것이다. 하나님은 완전하시기 때문에 교회 마다 3대사역을 할 수 있도록 은사를 배치해 주신다는 점도 잊지 말아야 할 부분이다. 그러므로 어떤 교회를 막론하고 예수님께서 명하신 3대 사역이 일어나야만 한다. 그래야만 목회자가 살고 교회가 살 수 있다. 치유사역자들은 자신이 깨어 있어야만 역사가 일어난다는 점을 잘 알게 된다. 목회자 역시 깨어 있게 됨은 말할 것도 없다.

필자는 목회를 하면서 질병문제로 인하여 많은 고민을 해왔다. 질병에 걸리면 누구나 많은 고통을 당하게 된다. 육체적 고통은 물론, 정신적 물질적 고통에 시달리게 된다. 그래서 사람들은 질병 없는 세상에서 살기를 꿈꾸고 있다. 그러나 원치 않은 질병은 끊임없이 사람들을 괴롭히고 있다.

필자는 목회를 하면서 질병에 시달려야 했음은 물론이고 가족들 또한 고통에 시달려야 했다. 그리고 섬기는 교회의 가족들은 물론이고 수많은 사람들이 고통에 시달리는 것을 보면서 치유를 위해 하나님께 기도하게 되었다.

그렇게 하다 보니 한 사람 한 사람 치유가 되는 것을 보게 되었고 그동안 하나님께서 필자를 통해 치유된 많은 사람들이 고통에서 벗어나 정상적인 삶을 사는 것을 보면서 큰 보람을 느끼고 있다.

두 아들을 잃고 정신병에 시달리던 분이 고침을 받게 되었는가 하면 불면증, 우울증, 정신공황장애, 허리 디스크, 골절, 자궁근종(암), 생리통, 임파선염, 위장장애 방광염 등 많은 질병들이 치료되는 것은 물론 뇌졸중으로 걷지 못하는 분이 걷게 되고 의식불명의 상태에 있던 분들이 기도 즉시 깨어나는 등 많은 역사하심을 보면서 하나님께 영광을 돌렸다.

필자는 하나님께서 왜 나를 통해 이러한 일들을 하시는지를 곰곰이 생각을 하게 되었는데 다음과 같은 사실을 깨닫게 되었다.

첫 번째 이유는 하나님의 긍휼과 사랑 때문이요 두 번째는 하나님 나라의 확장 때문임을 확신하게 되었다.

치유사역 초기에는 특별한 순서도 없이 하나님의 말씀만 믿고 환자들을 보면 안수기도를 해 주는 것으로 시작되었다. 그러던 중 치유사역의 한계를 알게 되었다. 치유는 되는데 치유 받은 사람들이 지속적으로 신앙 안에서 변화와 성장 더 나아가서는 성숙을 이루어야 하는데 그렇지 못하다는 사실을 절실히 깨닫게 된 것이다. 그래서 치유 받을 분들에게 체계적인 말씀을 전해야 하겠다는 생각을 하게 되었는데 하나님께서는 치유 프로그램을 만들도록 역사해 주셨다. 그래서 나온 것이 바로 이 교재이다.

치유사역은 어느 특정한 사람의 몫이 아니다. 치유는 전도가 그러하듯이 모든 믿는 자의 사역이다. 그 이유는 소그룹 안에서 모든 멤버들이 함께 합심해서 치유 기도를 하기 때문이다. 때로는 목회자와 성도가 함께 혹은 훈련 받은 리더와 성도들이 함께 기도하므로 사역할 수 있다. 결국 모든 성도가 치유사역에 참여하도록 훈련되어야 한다. 성도는 자신이 받은 은사를 사용할 때 가장 행복하게 신앙생활을 하게 된다.
이 사실을 누가 부인할 수 있겠는가?
이제부터라도 교회들은 이 사실을 알고 치유사역훈련을 바로 시작하여 모든 교회가 영광스러운 하나님의 임재 안에서 행복해 지기를 기도한다.

1. 치유사역은 왜 필요한가?

- **찬양** / 모든 민족에게
- **마태복음** / 10:1-8 예수께서 그의 열두 제자를 부르사 더러운 귀신을 쫓아내며 _____ 열두 사도의 이름은 이러하니 베드로라 하는 시몬을 비롯하여 그의 형제 안드레와 세베대의 아들 야고보와 그의 형제 요한, 빌립과 바돌로매, 도마와 세리 마태, 알패오의 아들 야고보와 다대오, 가나안인 시몬 및 가룟 유다 곧 예수를 판 자라 예수께서 이 열둘을 내보내시며 명하여 이르시되 이방인의 길로도 가지 말고 사마리아인의 고을에도 들어가지 말고 오히려 이스라엘 집의 잃어버린 양에게로 가라 가면서 전파하여 말하되 천국이 가까이 왔다 하고 병든 자를 고치며 죽은 자를 살리며 나병환자를 깨끗하게 하며 _____

현대사회는 감성의 시대이다.

눈으로 보고 손으로 만져보아야 직성이 풀린다. 모든 것을 감각적으로 표현한다. 먹어보고 입어보고 만져보고 느껴보고 써보고… 모든 것을 본다는 표현으로 나타낸다. 그만큼 감각적인 것을 원한다는 뜻이다.

어떤 기관에서 1000명의 가정주부에게 설문을 실시하였다고 한다.

"급할 땐 제일 먼저 어디로 갑니까?"

대다수가 무당이나 점쟁이에게 가겠다고 답변하였다고 한다. 많은 사람들이 교회는 능력이 없고 문제에 대한 신속한 답변을 줄 수 없다고 생각하고 있다. 얼마나 안타까운 일인가? 교회는 하나님의 살아계심을 보여줄 수 있어야 한다. 하나님을 보여줄 수 있는 가장 신속한 방법이 바로 치유사역이다. 치유는 하나님께서 원하시는 일이다. 하나님께서는 자녀들이 건강하기를 원하고 계시기 때문이다. 또한 전도에 있어서 치유는 기본이고 근간이다.

그러나 안타깝게도 대다수의 교회는 능력을 나타내지 못하고 있다. 이러한 문제를 해결하기 위하여 이 치유과정이 개설되었다. 소금이 맛을 잃으면 밖에 버리워 발에 밟히게 된다고 예수님은 말씀하셨다. 성도는 맛을 잃은 소금이 아니라 권세와 능력이 탁월한 자로서 사역을 할 수 있어야 한다.

현대는 신속한 변화의 시대이다.

이러한 변화를 따라가기란 쉬운 일이 결코 아니다. 안 따라가면 도태되고 따라가자니 힘이 든 것이 현실이다. 개인도 그렇지만 가정도 기업도 마찬가지이다. 이러한 과정에서 중압감, 불안, 근심, 염려와 같은 정신적 고통이 따르게 되고 이러한 고통이 바로 질병으로 연결되게 마련이다. 따라서 현대인들은 질병 없이 사는 사람이 거의 없을 정도로 질병은 우리의 생활과 밀접한 관계를 맺고 있다. 따라서 치유사역은 선택의 여지가 없이 너무도 필요한 사역이 아닐 수 없다.

1. 예수님의 치유사역은 어떠했는가?

- 마 9:35

1-1. 가르치시고 약 15 %

1-2. 전파하시고 약 15 %

1-3. 치유하심 약 70 %

예수님 3대사역

예수님의 3대 사역을 보면 전파사역이 약 15% 정도이고 가르침 사역이 약 15% 그리고 치유사역이 약 70% 정도였다.

2. 예수님은 왜 이렇게 사역을 하셨는가?

예수께서 이렇게 하신 이유는 치유가 더 중요하기 때문이 아니라 전도의 _____을 마련하시기 위해서였다. 예수께서는 자신이 메시아임을 알게 하시고 그들로 구원에 이르도록 하시기 위해서 그렇게 하신 것이다.

● 요 10:40-42

대다수의 사람들은 치유의 _____을 볼 때 믿음을 갖게 된다.

● 요 11:41-42

예수께서 죽은 나사로를 살리신 것은 사람들로 하여금 아버지께서 자신을 보내신 것을 믿도록 하시기 위해서였다. 즉 전도의 _____ 마련을 위해서였다.

● 마 16:16

베드로의 이 고백은 신앙고백의 _____이다.

3. 현대교회의 치유사역은 어떠한가?

● 마 10:8

3-1. 가르침사역? (   )%

3-2. 전파사역? (   )%

3-3. 치유사역? (   )%

3-4. 현대교회에는 왜 치유가 지속적으로 일어나지 않는가?

(1) 잘못된 _____ 의 영향 때문이다.

　　치유는 예수님 당시에 국한 되는 일이고 현대는 의학의 발달로 육신의 치유는 병원을 통해서 해야 된다는 생각을 하는 분들이 있다. 물론 의학의 발달로 인하여 많은 분들이 고침을 받는 것을 부인할 수는 없다. 그러나 의학이 아닌 영적인 방법으로 해결해야 할 질병들이 많다는 사실을 간과해서는 안 된다. 예를 들어 정신과 계통의 병이나 신경계통의 질병은 현대의학만으로는 고칠 수 없으며 더욱이 사탄에 의한 질병들은 현대의학으로는 전혀 _____ 가 불가능하다. 그것은 반드시 훈련된 _____ 들의 도움이 필요하다.

(2) _____ 의 결여 때문이다.

　　나의 믿음을 가지고는 _____ 가 일어날 수 없다는 믿음 없는 생각을 하는 분들이 있다. 또한 치유는 특별한 사명을 받은 분들만 할 수 있는 일이라고 알고 있는 분들도 있다. 그러나 그러한 생각은 잘못된 생각이다. 왜냐하면 치유는 은사를 받은 분들만의 기도로는 감당이 어렵기 때문이다.
　　_____ 는 은사를 받은 분들은 물론이고 치유의 은사가 없어도 믿음의 은사를 가진 분들과 능력을 행하는 분들과 기도의 은사를 받은 분들 그리고 여러 은사를 받은 분들이 협력할 때 가장 효과적으로 일어날 수 있기 때문이다. 예를 들면 치유의 은사가 없어도 섬기는 은사를 가진 분들이 다양한 은사와 기도로 곁에서 잘 섬겨주면 치유는 신속하게 일어날 수 있기 때문이다. 그러므로 _____ 의 은사가 없더라도 얼마든지 자신이 가지고 있는 은사로 협력함으로 치유를 도울 수 있다는 사실을 알아야 한다.

(3) 치유훈련의 _____ 때문이다.

　　모든 교회는 가르치고 전파하고 치유하는 교회가 되어야 한다. 교회는 이 _____ 을 할 수 있는 사역자들을 세워나가야만 한다. 그런데 지금까지는 교회들이 이러한 훈련시스템을 갖추지 못했던 것이 사실이다. 그뿐 아니라 교회에 치유의 은사를 가진 분들이 나타나면 목회자들은 긴장을 하며 경계해 왔던 것 또한 사실이다. 필자 또한 한 때는 그 일로부터 자유롭지 못했었음을 자인하지 않을 수 없다. 이는 교회가 은사계발에 적극적이지 못했고 적극적으로 대처하지 못한데서 비롯된 문제였다. 그러나 최근에 와서 치유사역이 활발히 진행되기 시작하는 것을 보면서 필자는 개인적으로 다행스럽게 생각할 뿐 아니라 매우 환영하고 있다. 이 일은 하

NOTE

나님께서 원하시는 일이며 주님께서 위임하신 일이기 때문이다. 그러므로 모든 교회는 _____을 개설하고 성도들에게 치유훈련을 시작해야 한다. 그래서 평신도들에게 사역을 돌려주어야 한다. 이 내용에 대해선 빌 백햄 목사의 「제2의 종교개혁」을 참고하기 바란다.

4. 교회는 왜 치유사역을 해야 하는가?

4-1. 하나님께서 _____ 일이기 때문이다.

● 마 8:2-3

● 눅 5:12-13

4-2. 주님께서 우리에게 _____ 일이기 때문이다.

● 마 10:8

4-3. 주님께서 우리에게 _____ 일이기 때문이다.

● 마 10:1

● 눅 9:1

4-4. _____ 필요한 일이기 때문이다.

 치유사역과 전도는 밀접한 관계를 맺고 있다. 사역자들의 치유능력을 보면서 사람들이 하나님의 살아계심을 깨닫고 _____을 갖게 되며 _____을 받고 하나님께 영광을 돌리게 된다. 치유사역이 일어나면 사람들이 교회로 오지 않을 수 없다.

4-5. 사역자 자신의 _____ 강화되기 때문이다.

 치유사역을 하려면 사역자는 반드시 _____을 받아야만 한다. 그렇기 때문에 사역자는 늘 깨어 있게 된다. 사역자가 믿음에 바로 서 있지 않으면 치유는 일어나지 않는다.

NOTE

5. 교회의 치유사역은 어떠해야 하는가?

5-1. 교회는 예수님께서 하셨던 것처럼 _____ 으로 치유사역을
     펼쳐야 한다.

● 마 9:35

● 요 14:12

　　　예수님의 사역을 따라 해야 한다. 예수님은 세 가지 사역을 펼치셨다. 그것은 가르치고 전파하고 치유하는 일이었다. 훈련 받고 이 3대 사역을 하는 사람을 제자라고 부른다.
　　　많은 사람들이 교회는 실제적인 능력이 없다고 생각한다.
　　　그러므로 교회는 치유사역을 반드시 펼쳐야 한다. 치유사역을 통해 사람들을 교회로 오게 하고 영과 육을 회복시켜 주어야 한다. 사람들은 처음부터 복음을 듣기 위해 교회에 오는 것이 아니라 자신들의 절대적인 필요를 채우기 위해서 교회에 나온다. 이 때 치유사역은 복음을 듣도록 하는 접촉점을 마련해 주게 된다.
　　　속담에 『백문이불여일견(百聞以不如一見)』이라는 말이 있다. 백번 말하는 것보다 한 번 보여주는 것이 더 빠르다는 말이다. 그러므로 교회가 마땅히 보여줄 것을 보여주어야 한다.

5-2. 교회는 사람들이 모이면 _____ 하고 가르치고 전파해야 한다.

    교회가 치유사역을 전개하는 것은 치유사역을 통해 그들을 _____ 안으로 끌어 들이기 위한 것이다. 때로 하나님께서는 복음의 필요를 모르는 자들에게 복음의 _____ 을 알리시기 위하여 그들로 하여금 질병이나 가난 혹은 포로의 고통을 당하게 하신다. 이로 인하여 그들은 복음의 능력을 알게 된다(눅 4:18-19).

    교회는 복음의 능력을 가지고 그들을 치료해야만 한다. 그렇게 함으로써 그들은 복음의 위대함을 알게 된다. 처음에는 단순히 문제를 해결 받으려는 목적으로 오지만 그들이 복음을 들으면서 _____ 의 위대함과 하나님의 사랑을 발견하고 예수님을 영접하여 하나님의 자녀의 반열에 들어오게 된다. 교회는 변함없이 이 사역을 전개해 나가야만 한다.

이번 과의 가르침에서 새롭게 깨달은 것과 개인적으로 적용하고 실천하기를 원하는 것을 적고 나누어 보자.

치유의 사람이 되도록 간절히 부르짖고 기도하자.

2 치유사역자가 알아야 할 것은 무엇인가?

- **찬양** / 주께 가오니

- **약 5:13-18** / 너희 중에 고난 당하는 자가 있느냐 그는 _____ 즐거워하는 자가 있느냐 그는 찬송할지니라 너희 중에 병든 자가 있느냐 그는 교회의 장로들을 청할 것이요 그들은 주의 이름으로 기름을 바르며 _____ 믿음의 기도는 병든 자를 구원하리니 주께서 그를 일으키시리라 혹시 죄를 범하였을지라도 사하심을 받으리라 그러므로 너희 죄를 서로 _____ 의인의 간구는 역사하는 힘이 큼이니라 엘리야는 우리와 성정이 같은 사람이로되 그가 비가 오지 않기를 간절히 기도한즉 삼 년 육 개월 동안 땅에 비가 오지 아니하고 다시 기도하니 하늘이 비를 주고 땅이 열매를 맺었느니라

과거 한국교회는 치유사역에 대하여 매우 부정적인 반응을 보여 왔다.
그 이유는 치유에 대한 신학적 이해가 부족했을 뿐 아니라 은사에 대한 상처가 컸기 때문이다. 한국교회는 그동안 성경적 치유 방법에 대하여 풍부한 이해를 가지지 못했다. 그래서 치유의 은사가 나타나는 목회자들은 저마다 자기중심적 사고에 빠지는 경향이 많았고 평신도들 중에 치유의 은사가 나타나는 사람들은 사역훈련을 거치지 않고 음성적으로 치유사역을 하므로 적지 않은 부작용이 나타나게 되면서 한국교회는 치유사역을 하는 사람들에게 마음을 닫게 되었다. 그것이 오늘날까지 이어지면서 치유사역은 신비주의에 가까운 것으로 이해를 하기에 이르게 되었다.

하지만 그것은 교회가 사단의 고도의 전략에 속은 것이다.

왜인가?

예수님은 치유사역을 계속 펼치셨고 그것을 제자들에게 위임하셨다. 그리고 그 위임은 당시 제자들에게만 하신 것이 아니고 후에 믿고 제자가 될 우리들에게도 적용이 된다는 사실을 놓치지 말아야 한다. 치유는 교회 안에 은사를 받은 목회자와 성도들이 중심이 되어 펼쳐야 한다. 교회는 이 일을 위하여 성도들을 훈련시켜야 한다. 과거에는 교회가 이 일을 하지 못하므로 교회 안에서 치유를 하지 못하게 하는 교회도 있었던 것이 사실이다. 따라서 교회는 치유사역에 대하여 바르게 이해하고 치유사역자들을 훈련시켜 바른 치유사역을 하도록 해 주어야 한다. 그래야 교회에 덕을 세울 수 있기 때문이다.

반드시 알아야 할 것은 치유사역자들은 치유를 위하여 반드시 숙지해야 할 것들이 있음을 알아야만 한다. 필수사항들을 숙지해야만 하는 이유는 첫 번째로 이러한 것들을 모르면 치유가 일어나지 않기 때문이고 두 번째는 치유가 일어나더라도 나중에 불행에 빠지기 때문이다. 그러므로 다음의 사항들을 반드시 숙지해야만 한다.

1. 질병은 언제부터 시작되었는가?

● 창 3:16-19 또 여자에게 이르시되 내가 네게 임신하는 고통을 크게 더하리니 네가 수고하고 자식을 낳을 것이며 너는 남편을 원하고 남편은 너를 다스릴 것이니라 하시고 아담에게 이르시되 네가 네 아내의 말을 듣고 내가 네게 먹지 말라 한 나무의 열매를 먹었은즉 땅은 너로 말미암아 저주를 받고 너는 네 평생에 수고하여야 그 소산을 먹으리라 땅이 네게 가시덤불과 엉겅퀴를 낼 것이라 네가 먹을 것은 밭의 채소인즉 네가 흙으로 돌아 갈 때까지 얼굴에 땀을 흘려야 먹을 것을 먹으리니 네가 그것에서 취함을 입었음이라 너는 흙이니 흙으로 돌아갈 것이니라 하시니라

타락 이후에 _____로 인하여 질병이 세상에 왔다. 질병은 어제 오늘의 이야기가 아니고 인류의 타락으로부터 시작하여 끈질기게 사람들을 괴롭혀 오고 있다.

2. 질병의 원인은 무엇인가?

성경을 보면 대부분의 질병의 원인은 _____의 역사나 _____로 인하여 발생되며 죄와 관계없이 하나님의 _____을 위하여 발생되는 경우도 있다.

2-1. _____에 의하여 질병이 온다.

● 마 8:28-34 또 예수께서 건너편 가다라 지방에 가시매 _____ 둘

이 무덤 사이에서 나와 예수를 만나니 그들은 몹시 사나워 아무도 그 길로 지나갈 수 없을 지경이더라 이에 그들이 소리 질러 이르되 하나님의 아들이여 우리가 당신과 무슨 상관이 있나이까 때가 이르기 전에 우리를 괴롭게 하려고 여기 오셨나이까 하더니 마침 멀리서 많은 돼지 떼가 먹고 있는지라 귀신들이 예수께 간구하여 이르되 만일 우리를 쫓아 내시려면 돼지 떼에 들여 보내 주소서 하니 그들에게 가라 하시니 _____ 나와서 돼지에게로 들어가는지라 온 떼가 비탈로 내리달아 바다에 들어가서 물에서 몰사하거늘 치던 자들이 달아나 시내에 들어가 이 모든 일과 귀신 들린 자의 일을 고하니 온 시내가 예수를 만나려고 나가서 보고 그 지방에서 떠나시기를 간구하더라

　성경에는 _____이 사람의 육체에 들어와 영과 육에 장애를 일으키는 예가 여러 곳에 나타나고 있다.

● 막 5:1-5　예수께서 바다 건너편 거라사인의 지방에 이르러 배에서 나오시매 곧 더러운 _____이 무덤 사이에서 나와 예수를 만나니 그 사람은 무덤 사이에 거처하는데 이제는 아무도 그를 쇠사슬로도 맬 수 없게 되었으니 이는 여러 번 고랑과 쇠사슬에 매였어도 쇠사슬을 끊고 고랑을 깨뜨렸음이러라 그리하여 아무도 그를 제어할 힘이 없는지라 밤낮 무덤 사이에서나 산에서나 늘 소리 지르며 돌로 자기의 몸을 해치고 있었더라

● 마 17:14-18　그들이 무리에게 이르매 한 사람이 예수께 와서 꿇어 엎드려 이르되 주여 내 아들을 불쌍히 여기소서 그가 _____로 심히 고생하여 자주 불에도 넘어지며 물에도 넘어지는지라 내가 주의 제자들에게 데리고

왔으나 능히 고치지 못하더이다. 예수께서 대답하여 이르시되 믿음이 없고 패역한 세대여 내가 얼마나 너희와 함께 있으며 얼마나 너희에게 참으리요 그를 이리로 데려오라 하시니라 이에 예수께서 꾸짖으시니 귀신이 나가고 아이가 그 때부터 나으니라

2-2. ____로 인하여 질병이 온다.

- 막 2:5

- 약 5:16

2-3. 하나님의 _____을 나타내기 위한 질병도 있다.

- 요 9:2-3

- 요 11:4

이렇듯 질병의 원인이 각기 다르므로 함부로 단정 짓지 말고 해야 한다. 이유야 어찌됐든 하나님께서는 모든 것을 통해 하나님의 선한 뜻을 이루게 하신다(롬 8:26).

3. 질병으로부터 벗어날 수 있는 길은 무엇인가?

하나님의 치유의 은혜가 임함으로 가능하다. 그렇다면 하나님의 치유의 은혜는 언제 임하는가?

3-1. 치유는 하나님께로부터 온다.

- 창 20:17

- 출 15:26

- 사 58:8

- 렘 30:17

- 렘 33:6

- 말 4:2

　이상의 구절들에서 보는 바와 같이 치유는 하나님께로부터 ___을 알아야 한다.

3-2. 예수님께서 치유하신다.

- 막 10:47,52

● 마 14:14

● 막 9:22-27 _____이 그를 죽이려고 불과 물에 자주 던졌나이다 그러나 무엇을 하실 수 있거든 우리를 불쌍히 여기사 도와주옵소서 예수께서 이르시되 할 수 있거든이 무슨 말이냐 믿는 자에게는 능히 하지 못할 일이 없느니라 하시니 곧 그 아이의 아버지가 소리를 질러 이르되 내가 믿나이다 나의 믿음 없는 것을 도와 주소서 하더라 예수께서 무리가 달려와 모이는 것을 보시고 그 더러운 귀신을 꾸짖어 이르시되 말 못하고 못 듣는 귀신아 내가 네게 명하노니 그 아이에게서 나오고 다시 들어가지 말라 하시매 _____이 소리 지르며 아이로 심히 경련을 일으키게 하고 나가니 그 아이가 죽은 것 같이 되어 많은 사람이 말하기를 죽었다 하나 예수께서 그 손을 잡아 일으키시니 이에 일어서니라

눅 7:13

    이 책의 서론과 지난 과에서도 밝힌 바와 같이 예수님의 사역의 70% 정도는 치유사역이었다. 예수님은 지금도 하나님 보좌 우편에서 우리를 위해 친히 _____ 해 주신다(계 5:7-8).

3-3. 제자들이 치유해야 한다.

    치유는 선택의 여지가 없는 주님의 제자 된 자들의 사명이다.

NOTE

(1) 예수께서 제자들에게 치유의 _____ 를 주시고 치유를 명하셨다.

　　제자란 _____ 을 할 수 있는 자들을 가리킨다.

● 마 10:1

● 마 10:8

● 막 6:7

● 눅 10:9

(2) 제자들은 주님께 받은 _____ 권세로 치유하였다.

● 막 6:12-13

● 눅 9:6

● 눅 10:17-20   칠십 인이 기뻐하며 돌아와 이르되 주여 주의 이름이면 귀신들도 우리에게 항복 하더이다 예수께서 이르시되 사탄이 하늘로부터 번개 같이 떨어지는 것을 내가 보았노라 내가 너희에게 뱀과 전갈을 밟으며 원수의 모든 능력을 제어할 _____을 주었으니 너희를 해칠 자가 결코 없으리라 그러나 귀신들이 너희에게 항복하는 것으로 기뻐하지 말고 너희 이름이 하늘에 기록된 것으로 기뻐하라 하시니라

(3) 제자 된 우리 _____ 가 치유해야 한다.

　　주님께서는 주님의 제자로 훈련 받는 자들에게 치유를 명하셨다. 제자들에게 명하신 것은 예수님의 제자 되는 모든 자들에게 유효한 명령이다. 제자는 훈련된 제자이어야 한다. 치유를 위한 훈련이 반드시 교회 안에 있어야 한다. 먼저 목회자가 훈련을 받고 훈련 된 목회자가 평신도들을 훈련해야 한다. 이것이 이루어지지 않을 때 목회자의 권위가 무너지게 되고 엄청난 파장이 몰려 올 것임을 알아야 한다. 그러므로 모든 교회는 예수님께서 직접 하셨고 또 명령하신 대로 3대 사역 훈련이 이루어져야만 한다. 훈련이 없이는 결코 제자가 될 수 없음을 알아야 한다.

① 훈련 받는 _____ 가 되라

　　예수께서 사역을 위하여 열 두 제자 뿐 아니라 70인의 제자를 세우사 훈련을 하셨다.

NOTE

- 마 10:1

- 막 3:13-15

- 막 6:7

- 눅 10:1

② _____ 하는 제자가 되라

- 마 4:18-20

주님이 누구인지를 알자 _____ 순종했다. - 창조자 만물의 주인 전

능자 구원자

● 마 4:21-22

가장 _____ 여기는 것을 포기하고 순종했다. 주님이 누구인지를 알면 가장 소중한 것도 포기할 수 있다.

● 마 9:9

예수님의 _____ 을 알아야 한다. 그래야 즉시 순종이 가능하다.

③ _____ 하는 제자가 되라

● 눅 9:1-6 예수께서 열두 제자를 불러 모으사 모든 귀신을 제어하며 병을 고치는 능력과 권위를 주시고 하나님의 나라를 전파하며 앓는 자를 고치게 하려고 내보내시며 이르시되 여행을 위하여 아무 것도 가지지 말라 지팡이나 배낭이나 양식이나 돈이나 두 벌 옷을 가지지 말며 어느 집에 들어가든지 거기서 머물다가 거기서 떠나라 누구든지 너희를 영접하지 아니하거든 그 성에서 떠날 때에 너희 발에서 먼지를 떨어 버려 그들에게 증거를 삼으라 하시니

NOTE

복음을 _____ 하며 병을 고쳐야 한다. - 주님께서 책임져 주심을 믿도록 하기 위하여

4. 치유의 목적은 무엇인가?

치유의 목적은 불신자들이 치유를 통하여 _____ 을 알고 _____ 에 이르게 함과 하나님 자녀들을 육체의 연약함과 고통으로부터 _____ 하며 궁극적으로는 하나님께 _____ 을 돌리게 하는 데 있다.

4-1. _____ 의 고통을 제거하는 데 있다.

질병은 육신을 고통스럽게 하고 자유와 행복을 앗아간다. 치유는 이러한 고통을 제거해주고 자유와 행복을 되찾아 준다. 그러나 육신의 치유는 _____ 을 위한 전주곡과 같다.

- 막 5:34

- 행 3:8

4-2. 영혼을 구원하는 데 있다.

　　예수님의 육의 질병 치료는 _____을 위한 것이었다. 육신의 치유는 _____을 위한 접촉점 마련을 위한 것임을 알아야 한다.

● 눅 17:16-19
_____
_____
_____
_____

4-3. 하나님께 _____을 돌리는 데 있다.

　　영육의 치료는 결국 하나님의 _____을 나타내는데 그 목적이 있다. 하나님께서는 모든 사람이 하나님의 영광을 보고 그 영광의 빛에 나아오기를 원하신다. 그 영광의 빛을 바라보는 것이 인간에게는 최고의 영광이다. 그 영광을 본 성도는 그 영광을 온 세상에 선포해야만 한다. 질병치유의 목적이 이에서 벗어나지 않는다.

● 요 9:2-3
_____
_____
_____

　　하나님께서 _____일을 나타내시고자 병을 주셨다.

NOTE

● 요 11:4

이처럼 죽을병이 아니라 하나님의 _____ 을 드러내는 병이 있다.

적용 이번 과의 가르침에서 새롭게 깨달은 것과 개인적으로 적용하고 실천하기를 원하는 것을 적고 나누어 봅시다.

기도 올바른 치유사역자로 준비될 수 있도록 간절히 부르짖고 기도합시다.

3. 치유의 정의와 범위에 대해서 알아보라

- **찬양** / 내가 주인 삼은 모든 것
- **요삼 1:2** / 사랑하는 자여 네 영혼이 잘됨 같이 네가 범사에 잘되고 강건하기를 내가 간구하노라

하나님은 자녀 된 성도들이 이 세상에 사는 동안에도 건강하게 살기를 원하신다. 하나님께서는 지금도 에덴동산에서 아담이 사단의 미혹을 받아 타락함으로 잃어버린 축복을 회복시켜 주길 원하고 계신다.

"하나님은 영적, 심리적, 그리고 육신적 병의 궁극적인 치유를 원하신다."(Ken Blue)

하나님의 이 같은 바람을 아는 제자는 치유사역이 얼마나 필요한 것인지를 충분히 실감할 것이다. 그리고 하나님의 바람이 이 같다면 성도는 치유에 앞서 건강을 지키는 비결도 잘 아는 것이 중요하다.

조지 래너드(George Leonard)는 그의 책 「숨겨진 에너지를 개발하라」(Tap Your Hidden Energy) 라는 책에서 우리 모두는 우리가 사용할 수 있는 것보다 훨씬 더 많은 엄청난 잠재적 에너지를 보유하고 있다고 말하면서 이 방대한 자원을 10%만 더 개발한다 해도 우리 인생은 크게 달라지게 될 것임을 밝힌다.

1. 몸을 튼튼히 하고 튼튼히 보존한다.(Preserve self - body healthily) 신체적 건강은 우리 생활의 모든 부문에 엄청난 정력을 가져다준다.

2. 분노를 활용한다.(Utilize anger) 분노에 수반되는 뜨거운 에너지를 일에 투입하여 적극적인 목적을 위해 활용할 수 있는 가능성도 있다.

3. 긍정적인 면을 강조한다. (Accentuate the positive) 여러 연구 결과 긍정적인 인생관을 가진 사람이 세상을 부정적으로 보는 사람보다 병에 걸리는 경우가 훨씬 적다고 한다. 미국에서 최고 경영자 자문역으로 일하고 있는 톰 피터스와 로버트 워터먼은 성공한 회사 경영자들이 사용하는 언어에는 "이상할 정도로 유사성이 많다."고 말하고 있다. 그들은 모두 긍정적 태도의 가치와, 칭찬 등 긍정적인 의사전달의 효율성을 강조한다는 것이다. 일단 부정적인 충동을 극복하고 나면 자신 속의 최대의 장점에 전력을 집중할 자유를 얻게 된다.

4. 진실을 말하도록 하라. (Tell the truth) 진실을 이야기하는 것이 좋은 결과를 가져오려면 그것이 자기의 감정을 드러내는 것이라야 하지만, 그렇다고 해서 남을 모욕하거나 자기 고집을 내세우는 것이 되어서는 안 된다. 진실을 말하는 것은 여러 가지 바람직한 점이 많다. 모험, 도전, 흥분을 수반하고 무엇보다도 온갖 에너지를 방출시켜 주는 이점이 있다.

5. 우선순위를 정하라.(Set priorities) 우유부단은 게으름을 자초하여 정력을 떨어뜨리고 의기소침과 절망을 가져온다. 행동목표를 분명히 함으로써 정신적 권태를 치유할 수 있는 경우가 많다. 우선순위를 종이에 적어 놓으면 자신의 생활에 명확성을 부여하고 명확성은 에너지를 낳는다.

6. 자신에 대해 약속하라.(Promise to self) 어렵고 확고한 마감 날짜를 정해두는 것만큼 힘을 북돋아주는 것도 없다. 마감일을 진지하게 지킬 생각을 해야 한다.

7. 계속 움직여라. (Keep on moving) 중도에 포기하면 안 된다. 우울증이나 욕구불만도 따지고 보면 우리가 정력을 활용하지 못하고 잠재력을 개발하지 못하는 데 그 궁극적인 원인이 있는 경우가 많이 있다.

1. 치유의 정의에 대해서 알아보자

치유는 창조주이신 하나님께서 피조물인 인간을 하나님의 능력으로 본래의 상태로 _____ 시키시는 일로 말씀으로 죄악을 걸러 내고 정결한 마음에 하나님의 말씀을 쏟아 부음으로 이루어지는 일이다. 곧 말씀에 의해 치유되는 일이다.

- 출 15:26

_____

하나님께서는 자신을 가리켜 "_____ 여호와"라고 말씀하셨다.

- 눅 4:18-19

_____

치유는 _____의 상태로 회복시키는 것이다.

- 막 2:5

NOTE

치유를 위해서는 ____의 해결이 선결되어야 한다. 내면이 청결해 질 때 치유하시기 때문이다. 그렇지 않으면 다시 재발하기도 한다.

● 시 107:20

_____을 보내어 치유하신다. 그러므로 복음이 중요하다. 복음은 예수 그리스도다. 예수 그리스도의 십자가의 승리가 복음이다(눅 4:18-19; 히 4:12; 사 38:16).

2. 치유의 범위에 대해서 알아보자

치유는 사람은 물론 식물과 동물 그리고 자연과 우주를 포함한다.

2-1. _____이 치유의 대상이다.

● 행 3:6-8

● 행 9:40

2-2. _____ 이 치유의 대상이다.

● 출 15:22-25 모세가 홍해에서 이스라엘을 인도하매 그들이 나와서 수르 광야로 들어가서 거기서 사흘길을 걸었으나 물을 얻지 못하고 마라에 이르렀더니 그 곳 물이 써서 마시지 못하겠으므로 그 이름을 마라라 하였더라 백성이 모세에게 원망하여 이르되 우리가 무엇을 마실까 하매 모세가 여호와께 부르짖었더니 여호와께서 그에게 한 나무를 가리키시니 _____ 거기서 여호와께서 그들을 위하여 법도와 율례를 정하시고 그들을 시험하실새

● 약 5:17-18

● 왕하 2:19-22 그 성읍 사람들이 엘리사에게 말하되 우리 주인께서 보시는 바와 같이 이 성읍의 위치는 좋으나 물이 나쁘므로 토산이 익지 못하고 떨어지나이다 엘리사가 이르되 새 그릇에 소금을 담아 내게로 가져오라 하매 곧 가져온지라 엘리사가 물 근원으로 나아가서 소금을 그 가운데에 던지며 이르되 여호와의 말씀이 _____ 이로부터 다시는 죽음이나 열매 맺지 못함이 없을지니라 하셨느니라 하니 그 물이 엘

리사가 한 말과 같이 고쳐져서 오늘에 이르렀더라

　　※ 열왕기상 17-18장 참조

2-3. _____ 세계도 치유의 대상이다.

● 행 16:18

● 막 9:25-27

● 눅 10:17

　이상에서 보는 것처럼 치유의 범위는 모든 _____ 이다. 성도는 하나님 아버지의 자녀이기 때문에 하늘과 땅의 권세를 지니고 있고 모든 것을 치유할 수 있다.

3. 사람의 치유에 대해서 알아보자

사람의 경우 영과 육을 포함하는 _____이 치유의 범위에 해당된다. 사람의 경우 모든 질병과 약함 그리고 죽음이 치유의 범위에 들어 있다. 즉 영과 육의 모든 병과 약한 것이 치유의 대상이다. 영과 육의 건강은 _____ 관계에 놓여져 있다. 영이 약하면 육체의 질병을 치유 받기가 어렵다. 반면에 육이 약하면 영적 건강도 쇠퇴하기 쉽다. 그러므로 _____과 _____의 건강을 잘 유지해야 한다.

3-1. 치유는 _____이다.

_____과 _____ 곧 전인을 다 포함한다. 그러므로 치유는 포괄적이다.

● 잠 15:13

● 잠 18:14

3-2. 모든 병은 _____의 건강에 의해 좌우된다.

● 사 38:16

NOTE

"주여 사람의 사는 것이 이에 있고"에서 '이에'는 말씀을 가리킨다. 그러므로 말씀이 중요하다.

(1) 심령의 근심은 _____의 건강을 잃게 한다.

● 잠 17:22

뼈에 관련된 질병 골다공증 골수염 관절염 디스크 등이 있다. 그런데 이러한 병도 말씀과 기도로 치유된다. 그러나 치료 이전에 건강하기 위해서 모든 근심을 주께 맡겨야 한다(시 55:22; 마 11:28; 빌 4:6-7; 벧전 5:7). 그리고 항상 기뻐하고 쉬지 말고 기도하고 범사에 감사해야 한다(살전 5:16-18).

(2) 심령의 건강은 모든 _____을 이긴다.

● 잠 18:14

병을 이기고 건강하려면 _____을 건강하게 보존해야 한다. 그러므로 심령의 _____가 육신의 치료보다 더욱 중요하다.

(3) 건강하려면 심령의 건강을 유지하라

● 살전 5:16-18

　　전인격의 _____을 위해서는 항상 기뻐하고 쉬지 않고 기도하고 범사에 감사해야 한다. 이것이 하나님의 뜻이다. 기쁨은 믿음에서 온다. 그러므로 믿음이 중요하다.

● 요삼 1:2

　　성도는 먼저 _____이 잘 되도록 힘써야 한다.

3.3 말씀은 _____을 치유한다.

● 눅 4:18-19

NOTE

NOTE

복음은 영적으로 육적으로 가난한 자를 부요케 하는 실제적인 능력이 있다. 복음이 들어가면 영적 육적 포로된 자가 자유를 경험하게 되고 영적 육적 눈이 열리며 스트레스로 고통 받는 자들이 자유를 누리게 된다. 동서고금을 막론하고 이러한 것들로부터 완전한 _____를 누릴 수 있는 길은 복음 외에는 없다.

- 히 4:12

말씀에는 전인을 치유하는 능력이 있다. 말씀은 영 뿐 아니라 관절과 골수를 찔러 쪼개기까지 한다.

- 시 107:17-20 _____ 그들의 죄악의 길을 따르고 그들의 악을 범하기 때문에 고난을 받아 그들은 그들의 모든 음식물을 싫어하게 되어 사망의 문에 이르렀도다 이에 그들이 그들의 고통 때문에 여호와께 부르짖으매 그가 그들의 고통에서 그들을 구원하시되 그가 그의 말씀을 보내어 그들을 고치시고 _____

하나님께서는 미련한 자들이 죄로 말미암아 고통을 당하며 부르짖을 때 말씀을 통해 고치시고 구원하신다.

적용 이번 과의 가르침에서 새롭게 깨달은 것과 개인적으로 적용하고 실천하기를 원하는 것을 적고 나누어 보자.

기도 치유의 사람이 되도록 간절히 부르짖고 기도하자.

NOTE

4 치유사역자가 되기 위하여 영적 청결을 준비하라

● **찬양** / 내 눈 주의 영광을 보네
● **사도행전** 2:38 / 베드로가 이르되 너희가 회개하여 각각 예수 그리스도의 이름으로 세례를 받고 죄 사함을 받으라 그리하면 성령의 선물을 받으리니

신앙생활을 하는 성도에게 있어서 영적 청결은 매우 중요한 일이다.

영적 청결이란 우리의 영이 성령께서 우리 안에 역사하시도록 준비하는 일이다.

영적 청결은 영이 더럽기 때문에 청결케 해야 한다는 말이 아니다. 이미 거듭난 우리의 영은 청결한 상태에 있기 때문에 청결이란 말이 필요치 않다. 여기서 영적 청결이라 함은 우리의 영이 성령을 모시는데 장애가 되는 죄를 마음에서 제거하라는 의미이다. 죄는 성령님을 모시는데 가장 큰 장애가 될 뿐 아니라 우리의 영이 모든 것을 분별하는데도 엄청난 장애물이 된다. 죄는 성도가 성령충만을 받을 수 없게 하므로 권능을 행할 수 없게 하며 영적 분별력도 떨어지게 한다. 영적 청결은 우리의 영을 총괄하시는 성령님으로 하여금 우리 안에서 역사하시도록 하는 일이다(행 2:38). 그러므로 성도는 영적 청결을 위해 죄를 처리하는 방법을 알고 있어야만 한다.

하나님의 위대한 종들은 영적 청결을 위해 얼마나 노력을 했는지 아는가?

구약성경을 보면 지면에서 가장 온유한 자라는 말씀을 듣게 된 모세 선지자는 어떻게 영적 정화작업을 하였는가?

그는 40일간의 금식을 두 번 이나 하였다. 다니엘과 그의 세 친구도 영적 청결을 위해 규칙적인 기도생활은 물론 당시 우상숭배에 휘말리지 않기 위해 왕의 진미도 거부하였다.

예수님도 40일 금식은 물론 바쁘신 사역일정 속에서도 늘 기도하는 일을 쉬지 아니하셨고 바울 사도는 아라비야 광야에서 3년간 영적 정화에 힘썼으며 그것도 부족하여 고향 길리기아 다소에서 10년 어간은 은둔생활을 하며 영적 정화에 힘쓴 것으로 추측된다.

베드로 사도는 항상 기도시간을 지키기에 힘을 쏟았다.

치유사역을 준비하는 훈련생들은 자신의 영적 청결을 위해 특별히 힘써야만 한다. 너러운 것을 비움이 없이는 성령님의 역사를 기대하기 어렵기 때문이다. 전인 치유를 경험해야 하고 늘 그 상태가 유지될 수 있도록 노력해야만 한다. 그러기 위해선 영적 청결을 어떻게 유지할 수 있는 지 배우는 것이 매우 중요하다.

영적 청결을 위해 다음의 사실들을 기억하라.

NOTE

1. 죄로부터의 _____가 필요하다

● 마 4:17

예수께서 처음 선포하신 말씀은 _____는 말씀이다.

● 행 2:38

회개는 _____을 받는 길이며 _____을 선물로 받는 길이기도 하다.

● 막 1:15

복음을 믿기 위해서는 먼저 _____가 선행되어야 한다. 낡은 부대에 새 포도주를 넣는 것이 불가능하듯 복음을 받기 위해서는 회개가 필요하다.

● 겔 18:30

죄는 또 다른 _____ 에 걸리게 만드는 걸림돌이다. 걸림돌을 제거해야만 넘어짐을 막을 수 있다.

회개란 _____ 것을 말한다. 잘못된 길에서 돌아서는 것이 회개이다. 하나님 반대편으로 가던 삶이 하나님께로 향하는 삶이다. 예수 없이 살던 삶이 예수 생명 안으로 돌이키는 것이다. 죄악된 길로 가던 삶에서 완전히 돌이키는(U-Turn) 삶이다.

죄에는 원죄와 조상죄와 자범죄가 있다. 원죄와 조상죄는 스스로 범한 자범죄와는 달리 나의 _____ 와 관계없이 영향을 받는 죄이다. 그러나 예수님의 보혈의 능력을 의지할 때 이 모든 죄는 해결을 받게 된다. 지난 날의 자신의 삶이 잘못된 것임을 인정하고 돌이켜 복음을 믿을 때 죄사함을 받게 된다. 복음은 이 모든 것을 포함하고 있다. 천국복음의 역사는 회개로부터 시작된다. 회개 없이는 아무도 복음을 체험할 수 없다. 회개가 없이는 죄사함이 없고 죄사함이 없으면 구원도 없고 성령의 충만함도 받을 수 없다. 그래서 예수님의 첫 번째 메시지는 "회개하라 천국이 가까웠느니라"이다. 물론 이미 구원 받은 사람은 죄에서 회개한 자들이다.

2. 죄의 _____ 이 필요하다

죄는 하나님과 우리 사이를 가로 막는 _____ 과 같다. 죄가 있는 곳에는 저주와 불행과 고통과 죽음이 있다. 그러므로 죄를 처리하지 않고는 질병의 치료나 기쁨 평안 자유함이 없다. 죄를 어떻게 처리해야 하는가?

● 사 59:1-3

NOTE

죄는 하나님과 인간 사이를 가로막는 _____ 이다.

• 요 13:10

이미 목욕한 자가 돌아서자마자 또 목욕을 하지 않는다. 목욕한 자는 더럽혀진 부분만 씻듯이 이미 회개(회심)한 자는 또 다시 회개가 필요치 않다. 회개는 가던 길에서 완전히 방향을 바꿔 돌아서는 것을 말하기 때문이다. 즉 _____ 턴을 하는 것이기 때문이다.

• 요일 1:9

이미 목욕한 자는 손과 발만 씻듯이 이미 회개한 자는 잘못한 부분만 _____ 을 하면 된다. 이미 회개한 자는 그 후에 지은 죄를 _____ 하므로 처리가 된다.

● 요일 1:7

___

빛은 예수 그리스도시다(요 1:8).

3. 구원 이후의 죄를 처리하라

3-1. _____를 차단하라

● 살전 5:22

___

죄를 근본적으로 차단하는 가장 좋은 방법은 악은 그 어떤 모양이라도 버리는 것이다.

● 창 4:7

___

죄를 예방하는 가장 좋은 방법 중 하나는 적극적으로 _____을 행하는 것이다.

죄는 사단이 들어오는 통로가 된다. 죄가 우리 안에 들어오면 뿌리

NOTE

를 내리게 되고 그것을 방치하면 견고한 진이 된다. 그러므로 죄는 가능한 한 신속하게 처리해야 한다. 그리고 죄를 해결한 후 죄가 다시 들어와 _____를 잡지 않도록 해야 한다. 그러므로 죄가 들어오는 것을 막는 것이 _____의 방법이나 그렇지 않은 경우 즉시 죄를 _____ 하는 것이 최상의 방법이다.

3-2. 죄의 쓴 _____가 내리지 않도록 하라

● 히 12:15

세균은 우리 육체를 파고 들어와 몸 안에 자리를 잡으려 한다. 세균이 우리 안에 자리를 잡으면 병마에 시달리게 된다. 그렇게 되기 전에 예방하고 병에 걸렸다면 최대한 신속하게 치료를 하여 병이 _____ 않도록 해야 한다.

● 엡 4:26-27

죄가 우리 안에 자리 잡지 못하도록 하려면 죄를 최대한 _____하게 해결하는 것이 필요하다. 죄는 사탄이 우리 안에 들어오는 _____가 되기 때문이다.

만약 죄를 차단하는 일을 소홀히 했다면 쓴 뿌리가 내리지 않도록 하는 것이 중요하다. 쓴 뿌리는 시간이 흐르면 흐를수록 제거하기가 어려워진다. 그러므로 신속히 제거하는 것이 현명한 길이며 가장 쉬운 길이다. 쓴 뿌리는 내면의 깊은 _____ 를 말한다. 뿌리는 조건이 맞으면 언젠간 싹을 틔운다. 싹이 나기 전에 제거하는 것이 가장 좋은 길이나 영적으로 아주 민첩하게 사는 자가 아니고서는 쓴 뿌리가 있는 것을 잘 모를 수도 있다. 그러므로 쓴 뿌리를 잘 모를 경우 싹이 보이면 싹을 잘라야 한다. 그것은 바로 앞에서 언급한 바와 같이 죄를 고백하는 것이다(요일 1:9). 예수님께서는 이미 목욕한 자는 발만 씻으면 된다고 비유를 들어 말씀하셨다(요 13:10).

완전히 다 버리도록 하라 - 교만, 자랑, 허영, 불순종, 미움, 시기, 질투, 원망, 욕심, 용서 못함 등을 버리라 마음을 비우라

3-3. _____ 진이 생기지 않도록 하라

● 고후 10:4

_____

_____

견고한 진은 오랫동안 쓴 _____ 를 제거하지 않으므로 형성된다. 견고한 진은 우리 안에 만들어진 _____ 의 아성이다. 이것이 제거되지 않는 한 성령충만도 능력도 기대할 수 없다. 그러므로 반드시 견고한 진을 제거해야 한다.

쓴 뿌리와 견고한 진을 제거하기 위해서는 전인회복수양회가 좋다. 요

NOTE

즘 많은 교회들이 전인치유수양회를 갖고 있는 것은 매우 바람직하고 고무적인 일이다.

적용 이번 과의 가르침에서 새롭게 깨달은 것과 개인적으로 적용하고 실천하기를 원하는 것을 적고 나누어 보라.

_____
_____
_____

기도 치유를 위한 영적 청결을 위해 간절히 부르짖고 하자.

5 치유사역자가 되기 위하여 믿음을 준비하라

● **찬양** / 십자가

● **히 11:6** / 믿음이 없이는 하나님을 기쁘시게 하지 못하나니 하나님께 나아가는 자는 반드시 그가 계신 것과 또한 그가 자기를 찾는 자들에게 상 주시는 이심을 믿어야 할지니라

미국에 있는 금문교를 만든 사람은 그 지혜를 레드우드라고 하는 2000년 이상 된 나무에서 얻었다고 한다. 이 나무의 뿌리를 살펴 연구한 결과 이 나무의 뿌리는 다음 세 가지의 특성을 갖고 있었다고 한다.

첫째, 나무의 뿌리는 다른 나무보다 땅 속으로 더 깊이 파고 들어가 있었다.

둘째, 그 나무의 뿌리는 다른 나무보다 잔뿌리가 많았는데, 그 잔 뿌리는 습기가 있는 곳으로 찾아 들어가 물을 나무로 공급하고 있었다. 잔뿌리는 자갈과 박토를 피해서 꼬불꼬불한 먼 길을 찾아가 물을 공급하고 있었다.

셋째, 그 나무의 뿌리는 큰 바위를 칭칭 감고 있었다. 그래서 바람이 불어 나무가 흔들릴 때도 반석을 감고 있는 뿌리 때문에 나무가 흔들리지 않고 2000-3000년을 지탱하고 있었음을 알게 되었다.

금문교를 만든 사람은 이 나무에서 지혜를 얻은 교훈을 따라 반석이 나올 때까지 깊이 파고 들어가 그 위에 교각의 지주를 세웠다. 그런 결과 금문교는 레드우드라고 불리는 나무와 같이 지진에도 흔들리지 않고 오늘까지 이르고 있다. 우리가 그리스도를 믿는 믿음을

그와 같은 반석 위에 세움이 마땅치 않는가!!

　하나님께서는 사람을 통해 당신의 일을 하신다. 하나님은 믿음의 사람을 기뻐하신다. 성경에 나오는 인물들 중에 하나님께서 기쁨으로 사용하셨던 사람들을 보면 믿음의 사람들이다. 히브리서 11장은 믿음장이다.

　히브리서 11장에 나오는 인물들을 하나님께서는 기뻐하셨는데 그들 모두는 믿음의 사람들이다. 어느 시대를 막론하고 하나님께서는 믿음의 사람들을 사용하신다. 믿음의 사람들을 구원하시고 그들을 통해 하나님께서는 일하신다. 그런 까닭에 믿음의 사람을 치유해 주시는 것은 너무도 당연한 일이다.

　예수님은 언제나 믿음을 보시고 치유하셨다.
　치유는 믿음과 뗄레야 뗄 수 없는 밀접한 관계를 맺고 있다.
　하나님께서는 모든 것을 믿음에 근거해서 허락하신다는 사실을 명심하자!

1. 치유는 믿음이 _____ 되어야 한다.

　　믿음이 없이는 치유는 불가능하다. 믿음은 _____ 이고 치유는 그 _____ 이다.

● 마 9:22

_____ 이 즉시 _____ 을 받도록 하였다.

● 마 15:28

　　큰 믿음이라도 치유가 _____ 으로 일어 날 수도 있다. 위의 경우는 어느 정도의 시간을 두고 점진적으로 나았음을 알 수 있다.

● 막 5:34

　　믿음이 _____ 과 _____ 을 얻게 해 주었다.

NOTE

● 막 10:52

믿음이 _____과 함께 _____수 있게 해주었다.

● 눅 7:50

믿음이 _____과 함께 _____을 얻게 해주었다.

● 눅 8:48

믿음이 _____과 함께 _____을 얻게 해주었다.

● 눅 17:19

_____이 _____을 얻게 해주었다.

● 눅 18:42

_____이 _____을 얻게 해주었다.

2. 하나님을 _____ 믿음이 필요하다

하나님을 경외하는 것이 중요한 이유는 하나님을 경외하게 되면 죄를 멀리하게 되고 하나님만을 가까이 하며 섬기기 때문이다. 따라서 하나님을 경외하게 되면 순종의 사람이 된다.

● 말 4:2
_____
_____
_____

하나님을 경외하는 자에게는 치료하는 _____을 비추어 주신다.

● 시 25:14
_____
_____
_____

하나님을 경외하는 자들에게는 _____ 나타내주신다.

● 시 85:9
_____
_____
_____

하나님을 경외하는 자에게는 _____이 가깝다.

NOTE

● 시 103:11

하나님을 경외하는 자에게는 그 _____ 이 크다.

● 시 103:13

하나님을 경외하는 자를 _____ 여기신다.

● 시 103:17

하나님을 경외하는 자에게는 그 _____ 영원부터 영원까지 이른다.

3. 믿음을 준비하라

믿음성장에 관한 원리는 다음과 같다.

3-1. 말씀을 _____ 하라

● 롬 10:17

　　믿음을 위해서는 말씀을 들어야 한다. 믿음은 들음에서 나기 때문이다. 들음으로 믿음이 성장한다. 믿음의 말씀을 들음, 설교, 간증, 체험 등 믿음을 가진 자가 믿음을 갖도록 도와줄 수 있다.

3-2. 믿음의 은사를 _____ 하라

● 고전 12:31

　　고린도전서 12장은 은사장이다. 은사는 성령의 선물이다. 은사를 받으려면 사모하라

3-3. 믿음의 _____ 을 바라보라

● 히 12:2

주님은 _____의 주님이시다. 우리에게 믿음을 주신다. 영적 체험을 통해 믿음을 갖도록 도와주신다.

3-4. 믿음의 사람과 _____ 하라

성도 간의 교제는 성도 개개인의 믿음을 증진시키는데 매우 중요한 역할을 한다.

(1) _____의 교제를 나누라

● 몬 1:6 _____
_____
_____

성도 간의 참된 교제는 _____을 알게 하고 _____이르도록 역사한다.

(2) 말씀 안에서 _____ 하라

● 빌 1:3-6 내가 너희를 생각할 때마다 나의 하나님께 감사하며 간구할 때마다 너희 무리를 위하여 기쁨으로 항상 간구함은 _____ _____ 너희 안에서 착한 일을 시작하신 이가 그리스도 예수의 날까지 이루실 줄을 우리는 확신하노라

초대교회 성도들은 _____ 안에서 교제했다.

(3) _____ 의 교제를 가지라

● 행 2:42
_____
_____
_____

　초대교회 성도들은 _____ 떡을 떼었다.

● 행 2:46
_____
_____
_____

　초대교회 성도들은 떡을 떼며 _____ 하였다.

　초대교회의 예배는 성전에 모이는 대그룹 모임과 집에서 모이는 소그룹이 병행되었다. 두 날개를 가진 교회였다. 그들은 모일 때마다 그리스도의 몸을 기념하는 성찬식을 하였다. 그리스도 중심의 생명의 교제였다.

3-5. 전인적 _____ 에 참여하라

● 행 2:42-47 그들이 사도의 가르침을 받아 서로 교제하고 떡을 떼며 오로지 기도하기를 힘쓰니라 사람마다 두려워하는데 사도들로 말미암아 기사와 표적이 많이 나타나니 믿는 사람이 다 함께 있어 모든 물건을 서로 통용하고 또 재산과 소유를 팔아 각 사람의 필요를 따라 나눠 주며 날마다 마음을 같이하여 성전에 모이기를 힘쓰고 집에서 떡을 떼며 기쁨과 순전한 마

음으로 음식을 먹고 하나님을 찬미하며 또 온 백성에게 칭송을 받으니 주께서 구원 받는 사람을 날마다 더하게 하시니라

전인적 소그룹은 전도소그룹과 일반 소그룹이 있다. 소그룹은 그리스도 중심의 공동체로 하나님의 임재를 경험하며 생명력이 넘쳐 생명의 교제를 가능케 하며 상호책임 지는 돌봄이 일어나며 양육도 일어난다. 셀 안에서는 5W(환영:welcome, 경배와 찬양:worship & praise, 말씀:word, 증거-전도:witness, 사역(치유) 및 기도:work & prayer)로 진행되는 셀예배를 통해 영성이 회복된다. 셀의 생명력인 전도가 일어난다.

대그룹 예배는 성도라면 누구나 경험한다. 그러나 강력한 하나님의 임재의 경험은 전인적인 소그룹에서 더 친밀하게 경험할 수 있다. 전인적 소그룹은 우리를 영의 사람으로 만들고 강력한 영적 체험으로 치유의 사람이 되게 한다.

적용 이번 과의 가르침에서 새롭게 깨달은 것과 개인적으로 적용하고 실천하기를 원하는 것을 적고 나누어 보자.

기도 치유를 위한 믿음을 위해 간절히 부르짖고 기도하자.

6

치유사역자가 되기 위하여 말씀을 준비하라

- **찬양** / 나의 가는 길
- **히 4:12** / 하나님의 말씀은 살아 있고 활력이 있어 좌우에 날선 어떤 검보다도 예리하여 혼과 영과 및 관절과 골수를 찔러 쪼개기까지 하며 또 마음의 생각과 뜻을 판단하나니

기차를 타고 여행하는 두 장교가 있었다.

한 사람은 잉거솔(Ingersoll)이라고 하는 대령과 또 한 사람은 루 월래스(Lew Wallace)라고 하는 장군이었다. 두 사람이 주고 받은 이야기는 예수님에 관한 모독적인 이야기였다. 잉거솔 대령이 말했다.

"그 예수라고 하는 친구 말입니다. 예수쟁이들은 그를 하나님의 아들이니 하나님이니 하고 허튼 소리를 하는데 이 예수라는 친구를 멋진 연애장이로 만들어 에로틱한 소설을 쓰면 어떨까요?"

"그러면 돈을 많이 벌 수 있겠지요?"

"아 그것 참 좋겠는걸, 참 재미있는 소설이 되겠지"

그 후 그들이 전역을 하고 이것저것 할 일을 찾아보았으나 별로 신통한 것이 없었다. 장군으로 전역을 했으니 아무 일이나 손댈 수는 없고 그래서 월래스는 생각다 못해 전에 기차 안에서 잉거솔 대령이 한 말대로 예수를 주인공으로 한 에로소설을 쓰기로 했다. 그러기 위해서는 성경을 읽어야만 했다. 직접 이스라엘까지 가서 자료를 수집하기도 했다.

그런데 참 이상한 일이 생겼다. 성경을 읽고 자료를 모으면 모을수록 그의 마음은 변화

되어가기 시작했다. 예수는 진실로 하나님의 아들이며 역사적으로 실존인물임을 확신하게 된 것이다. 마침내 그가 목적한 소설의 원고가 끝났다. 그런데 처음 계획한 것과는 전혀 딴 판의 글이 나오고 말았다. 탈고를 한 후 그는 자기도 모르게 의자에서 내려와 기도를 드리게 되었다.

"진실로 주는 하나님의 아들이시요 나의 구주이십니다."

그 소설의 이름이 바로 영화로도 잘 알려진 [벤허 Ben Hur]이다. 실로 하나님의 말씀의 변화시키는 능력을 입증해 주는 산 증거이다.

미국의 유명한 부흥사였던 무디 목사는 1871년 가을 브룩클린의 어느 교회에서 목회를 시작했다. 그러나 아무리 열심히 설교를 해도 교인들은 다 떠나가고 마지막에는 18명이 남았다. 그에게는 패배감과 좌절만 남게 되었다.

어느 날 저녁 예배가 끝난 후에 한 여자 성도의 말을 듣고 그날부터 무디는 '이제부터는 하나님의 말씀만 설교를 하자'고 결심을 했다. 그때부터 무디의 설교는 거의 80퍼센트가 성경을 읽는 것이나 마찬가지였다. 그러나 능력이 생기고 교인들이 힘을 얻기 시작했다. 평범한 말씀이지만 성령께서는 말씀을 통해서 능력을 주신다. 말씀을 설교하는 교회에 가면 성도들이 능력을 얻고 말씀을 설교하지 않는 교회에 가면 능력이 없다.

하나님께서는 말씀으로 세상을 창조하셨고 말씀으로 세상을 다스리신다. 치유는 하나님의 다스리심의 일환이다. 말씀으로 모든 것은 다 해결된다. 따라서 치유를 하기 위해서는 말씀을 잘 준비해야만 한다. 말씀을 떠난 치유는 하나님의 치유와 관계가 없다.

말씀은 예수 그리스도이며 치유의 근원이다.

1. _____이 모든 기적의 원천이다

모든 기적은 하나님께로부터 온다. 하나님께서는 _____으로 기적을 나타내신다. 세상을 창조하실 때도 세상을 저주하실 때도 세상을 회복시키실 때도 언제나 말씀으로 역사하셨다. 이 사실을 바로 깨닫고 치유사역에 임하면 치유가 가능해 진다.

● 시 107:17-20   미련한 자들은 그들의 죄악의 길을 따르고 그들의 악을 범하기 때문에 고난을 받아 그들은 그들의 모든 음식물을 싫어하게 되어 사망의 문에 이르렀도다. 이에 그들이 그들의 고통 때문에 여호와께 부르짖으매 그가 그들의 고통에서 그들을 구원하시되 그가 _____

● 창 1:3

● 창 1:6

● 창 1:9

● 창 1:14-15

NOTE

● 창 1:20-21

● 창 1:24

● 창 1:26-30 하나님이 _____ 우리의 형상을 따라 우리의 모양대로 우리가 사람을 만들고 그들로 바다의 물고기와 하늘의 새와 가축과 온 땅과 땅에 기는 모든 것을 다스리게 하자 하시고 하나님이 자기 형상 곧 하나님의 형상대로 사람을 창조하시되 남자와 여자를 창조하시고 하나님이 그들에게 복을 주시며 하나님이 그들에게 이르시되 _____ _____ 바다의 물고기와 하늘의 새와 땅에 움직이는 모든 생물을 다스리라 하시니라 하나님이 이르시되 내가 온 지면의 씨 맺는 모든 채소와 씨 가진 열매 맺는 모든 나무를 너희에게 주노니 너희의 먹을 거리가 되리라 또 땅의 모든 짐승과 하늘의 모든 새와 생명이 있어 땅에 기는 모든 것에게는 내가 모든 푸른 풀을 먹을 거리로 주노라 하시니 그대로 되니라

● 창 3:14-19   네가 이렇게 하였으니 네가 모든 가축과 들의 모든 짐승보다 더욱 저주를 받아 배로 다니고 살아 있는 동안 흙을 먹을지니라 내가 너로 여자와 원수가 되게 하고 네 후손도 여자의 후손과 원수가 되게 하리니 여자의 후손은 네 머리를 상하게 할 것이요 너는 그의 발꿈치를 상하게 할 것이니라 하시고 또 여자에게 이르시되 내가 네게 임신하는 고통을 크게 더하리니 네가 수고하고 자식을 낳을 것이며 너는 남편을 원하고 남편은 너를 다스릴 것이니라 하시고 아담에게 이르시되 네가 네 아내의 말을 듣고 내가 네게 먹지 말라 한 나무의 열매를 먹었은즉 땅은 너로 말미암아 저주를 받고 너는 네 평생에 수고하여야 그 소산을 먹으리라 땅이 네게 가시덤불과 엉겅퀴를 낼 것이라 네가 먹을 것은 밭의 채소인즉 네가 흙으로 돌아갈 때까지 얼굴에 땀을 흘려야 먹을 것을 먹으리니 네가 그것에서 취함을 입었음이라 너는 흙이니 흙으로 돌아갈 것이니라 하시니라

● 요 2:7-9

● 요 5:8-9

NOTE

● 요 11:43-44

　　"가라사대" "이르시되"는 말씀이다. 이 말씀 뒤에는 반드시 기적이 동반된다. 치유사역에서 _____은 반드시 기적을 낳는다. 말씀은 육신이 되신 예수 그리스도시다(요 1:14). 복음이다.

2. 말씀을 늘 _____ 하라

● 계 1:3

2-1. 말씀을 늘 _____ 하라

● 벧전 2:2

　　모유를 먹는 갓난아이들처럼 말씀을 사모해야 한다.

2-2. 말씀을 _____

● 행 17:11-12

2-3. 말씀을 _____

● 삼상 3:10

하나님의 말씀을 늘 읽어야 한다.

2-4. 말씀을 _____ 하라

● 시 1:2

2-5. 말씀을 _____ 하라

● 행 19:8-12 바울이 회당에 들어가 석 달 동안 _____
_____ 어떤 사람들은 마음이 굳어 순종하지 않고 무리 앞에서 이 도를 비방하거늘 바울이 그들을 떠나 제자들을 따로 세우고 두란노 서원에서 날마다 강론하니라 두 해 동안 이같이 하니 아시아에 사는 자는 유대인이나 헬라인이나 다 주의 말씀을 듣더라 하나님이 바울의

NOTE

NOTE

손으로 놀라운 능력을 행하게 하시니 심지어 사람들이 바울의 몸에서 손수건이나 앞치마를 가져다가 병든 사람에게 얹으면 그 병이 떠나고 악귀도 나가더라

2-6. 말씀을 _____ 하라

- 시 119:101

2-7. 말씀을 _____ 하라

- 시 119:42

3. 모든 _____ 에 필요한 말씀을 준비하라

치유사역자는 말씀을 가까이하여 모든 상황에 대처할 수 있는 말씀이 준비되어 있어야 한다. 치유사역자는 _____ 말씀, _____ 말씀, _____ 말씀을 준비해야 한다.

3-1. _____ 말씀을 준비하라

치유사역자는 말씀을 가지고 _____ 준비를 해야 한다. 물론 치유

만 하고 가르치는 사람들이 따로 있을 수도 있으나 치유가 말씀을 통해 일어날 때 가장 바람직하다.

● 행 19:9

● 행 18:24

● 고전 4:6

● 행 11:26

3-2. _____ 할 말씀을 준비하라

전파는 복음을 선포하는 것이다. 복음은 설득이 아니라 선포이다. 선포할 때 성령께서 역사하신다. _____ 하는 말씀을 준비해야 한다.

NOTE

- 마 4:17

- 마 10:27

- 막 16:15

- 막 16:20

- 눅 4:18-19

- 행 15:35

3-3. _____하는 말씀을 준비하라

치유사역자는 _____하는 말씀을 준비해야 한다. 치유는 말씀이 임할 때 가장 확실하게 일어나기 때문이다.

- 시 107:20

- 딤후 3:15-17

말씀은 우리의 전인을 온전케 한다.

모든 치유는 말씀과 관련이 있다. 말씀이 임하지 않는 곳에는 _____가 없다. 말씀은 곧 중보자 예수님이시기 때문이다. 치유자의 기도는 말씀에 근거되고 그 내용은 말씀 그 자체가 되어야 한다. 말씀이 가는 곳에는 반드시 역사가 일어난다. 이것을 확신하라

NOTE

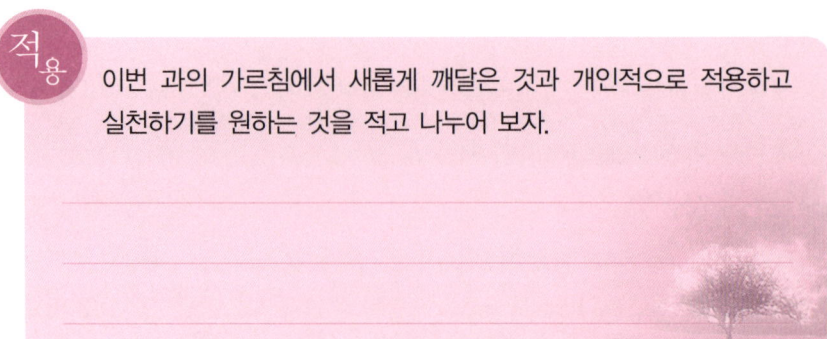

적용 이번 과의 가르침에서 새롭게 깨달은 것과 개인적으로 적용하고 실천하기를 원하는 것을 적고 나누어 보자.

_____

_____

_____

기도 말씀의 사람이 되도록 간절히 부르짖고 기도하자.

7 치유사역자가 되기 위하여 권능(능력)을 준비하라

- **찬양** / 주를 향한 나의 사랑을
- **행 1:8** / 오직 성령이 너희에게 임하시면 너희가 권능을 받고 예루살렘과 온 유대와 사마리아와 땅 끝까지 이르러 내 증인이 되리라 하시니라

미국의 무디(D. L. Moody) 목사는 성령충만을 받기 위해 길거리를 다닐 때도 울면서 기도를 드렸다고 한다.

그러던 어느 날 감당할 수 없을 정도로 성령이 그에게 강하게 임하여 더 이상 견딜 수 없자 그는 집으로 가지 못하고 가까운 친구의 집에 들어가 이제 그만 부어 달라고 기도하였다고 한다.

그가 성령충만을 받은 후 그의 사역은 놀라울 정도로 변화되었다.

그는 성령충만을 받고 사역을 시작하면서 다음과 같이 고백하였다.

"아, 그날! 그것을 어떻게 표현할 수 있단 말인가!

그것은 입 밖에 내기조차도 조심스럽다.

그것은 이름을 붙일 수 없을 정도로 신성하며, 나는 단지 하나님이 그의 자태를 나에게 드러내셨다고 밖에는 말할 수가 없다.

나는 너무나 큰 하나님의 사랑을 체험하여 하나님의 손길이 나에게서 영원히 떠나지 말기를 간절히 기원했다.

나는 전도를 계속했다.

설교는 전과 거의 같았고 그렇다고 해서 새로운 진리를 표현한 것도 아닌데 많은 사람들이 구원 받았다.

나는 결코 축복의 체험 이전의 나날들로 되돌아가지는 않을 것이다."

치유사역자는 타인의 전인을 치유 되도록 돕는 사역자이다.

결코 하늘로부터 임하는 능력이 없이는 할 수 없다. 그러므로 능력을 준비해야만 한다.

하늘의 능력을 받아 치유사역을 하고 싶은가?

위로부터 능력이 임하도록 깨어 기도하라.

길을 갈 때도, 사람을 만날 때도, 일을 할 때도 심지어 화장실에 있을 때도 쉬지 말고 기도하라.

1. 치유를 위하여 영적 _____ 를 확신하라

NOTE

사역자가 치유를 할 수 있는 근거는 하나님께서 주시는 영적 권세 때문이다. 예수께서는 열 두 제자들을 향하여 가르치고 전파하고 치유하라고 말씀하시면서 _____ 를 주셨다. 권세는 능력을 사용할 수 있는 권한을 가리킨다. 사역을 감당하는 자들에게 어떤 권세가 주어졌는가?

1-1. _____ 의 권세를 확신하라

하나님의 자녀들에게는 하나님 _____ 의 권세 곧 황태자의 권세가 주어져 하늘과 땅의 권세를 사용할 수 있다.

● 요 1:12
_____
_____
_____

하나님의 _____ 의 권세를 주셨다.

● 마 28:18-20
_____
_____
_____

하늘과 땅의 _____ 를 주셨다.

1-2. _____의 권세를 주셨음을 확신하라

권세는 어떤 능력을 사용할 수 있는 자격을 가리키는 말이다. 사역자들에게는 하나님의 대리자로서의 권세가 주어진다. 사신은 대사를 가리킨다. 제자는 그리스도의 대사 곧 하나님 나라의 대사이다. 대사에게는 대사에 걸맞은 권세가 주어진다. 사역자에게는 사역자에 맞는 권세가 주어진다.

● 눅 9:1-2

2. 치유를 위하여 영적 _____을 준비하라

권능은 권세와는 구별이 되는 말이다. 권세는 어떤 능력을 사용할 수 있는 자격이라면 권능은 일을 할 수 있는 실제적인 힘을 가리키는 말이다. 권능이 없다면 권세를 사용하기가 어렵다. 권세자의 아들이 실제적인 능력이 없다면 권세를 다 누릴 수 없기 때문이다. 치유는 인간의 의지에 달려 있지 않고 성령의 권능에 의해서 이루어지는 것이다. 그러므로 성령의 권능을 받아야만 가능하다. 권능을 받으려면 기도해야 한다.

● 행 1:8

성령이 임하셔야 권능을 행할 수 있다.

● 행 1:14

사도들은 하나님의 약속을 믿고 한 곳에 모여 전혀 기도에 힘쓴 결과 권능을 받게 되었다. 그러므로 치유사역자는 늘 깨어 기도해야만 한다. 차를 타도 길을 가도 심지어 화장실에 가더라도 기도해야 한다. 깨어 있지 않으면 사역이 일어나지 않는다. 그러므로 치유사역을 하는 치유사역자는 늘 깨어 있을 수밖에 없다. 그 결과 그들은 성령충만을 받고 권능의 사람들이 되어 많은 역사를 행하며 사람들을 구원 받도록 한다. 그러므로 에베소서 5:18에서는 성령충만을 받을 것을 명하였다.

3. _____ 을 사용하라

속담에 "부뚜막의 소금도 넣어야 짜다"는 말이 있다. "종은 울리기까지 종이 아니다"라는 말도 있다. 권세가 아무리 화려해도 사용할 수 없다면 무슨 의미가 있겠는가? 하나님께서 주신 권세를 사용하려면 권능이 필요하다. 권능을 받으려면 기도해야 한다.

● 행 19:11-12

성령 _____ 을 받아야 한다.

3-1. _____ 의 사람이 되라

사역자가 되려면 _____ 의 사람이 되어야 한다. 능력은 기도를 통해서만 받을 수 있기 때문이다.

● 막 9:29

능력은 _____ 를 통해서만 나타난다.

● 행 3:1

정해진 _____ 시간을 지킬 때 능력이 나타난다.

● 삼상 15:11

국가적 위기를 만났을 때 _____ 하면 국가를 위기에서 건질 수 있다.

● 눅 6:12

예수께서 제자를 세우시기 전에 철야하시며 _____ 하셨다.

● 행 13:2-3

선교사를 파송하기 전에 교회가 금식하며 _____ 했다.

기도의 사람들은 쉬지 않고 기도함은 물론 정기적으로 기도하기도 하였다. 사역자가 되려면 권능을 받아야 하는데 기도를 쉬지 말아야 한다. 특히 사역자가 되려면 하루 3시간 이상 기도를 해야 한다. 출퇴근 시나 길을 가거나 청소할 때 설거지 할 때 성령충만을 위해서 쉬지 말고 기도하라. D. L. 무디 목사는 길을 다닐 때 성령충만 받기를 울면서 기도하다가 길에서 성령의 능력을 체험하였다. 고정관념의 벽을 넘어야 한다. 그러므로 기도하라 새벽기도, 금요기도, 셀기도, 열린모임기도 등…

3-2. _____의 사람이 되기 위하여 기도하라

성령의 사람이란 성령의 인도를 따라 사는 사람을 가리킨다. 육체의 욕심을 따라 살지 않고 성령께서 이끄시는 대로 살아감을 의미한다. 하나님께서는 성령의 사람을 쓰신다.

● 행 2:38

● 행 8:14-17 예루살렘에 있는 사도들이 사마리아도 하나님의 말씀을 받았다 함을 듣고 베드로와 요한을 보내매 그들이 내려가서 그들을 위하여 성령 받기를 기도하니 이는 아직 한 사람에게도 성령 내리신 일이 없고 오직 주 예수의 이름으로 세례만 받을 뿐이더라 이에 두 사도가 그들에게 안수하매 _____

3-3. _____을 받기 위하여 기도하라

성령의 인도를 따라 살면 당연히 성령충만한 삶을 살도록 인도를 받게 된다. 그러나 성령의 인도를 따라 사는 사람일지라도 적극적으로 성령충만을 위해 매일 기도하는 일을 쉬지 말아야 한다. 그래야 권능을 받을 수 있다.

- 엡 5:18

- 행 4:31

4) 은사를 받기 위하여 _____ 하라

- 고전 12:31

믿음과 치유의 은사를 받기 위해서 _____ 해야 한다.

사역자는 능력을 공급 받아야 한다. 성령이 임하시면 권능이 임한다. 하나님께서는 말세에 남종과 여종에게 물 붓듯 성령을 부어주시겠다고 요엘 선지자를 통해 약속하셨다. 약속된 성령을 받고 날마다 깨어 기도하므로 성령충만을 받고 주어진 권세를 마음껏 사용하는 사역자가 되라.

NOTE

적용 이번 과의 가르침에서 새롭게 깨달은 것과 개인적으로 적용하고 실천하기를 원하는 것을 적고 나누어 보자.

기도 권능의 사람이 되도록 간절히 부르짖고 기도하자.

8. 치유를 위해 치유사역자가 점검해야 할 것은 무엇인가?

● 찬송 / 두손 들고
● 딤전 5:22 / 아무에게나 경솔히 안수하지 말고 다른 사람의 죄에 간섭하지 말며 네 자신을 지켜 정결하게 하라

치유사역자가 준비(훈련) 없이 치유하는 일은 매우 위험한 일이다.

비록 치유의 은사가 있더라도 치유에 대한 바른 이해가 없이 치유를 하다가 잘못되는 일을 우리는 수 없이 보아왔기 때문이다.

필자가 목회 초기에 치유은사를 받았다고 하는 다른 교회 여 집사님 한 분이 우리 교회 근처에 살고 있었는데 교회에서 인정을 해주지 않자 우리 교회에 등록을 하고 자신의 집에서 치유은사집회를 한다고 가건물까지 만들어교회처럼 꾸미고 집회를 하는 것을 보면서 그것이 잘못되었다는 사실을 말해주고 싶었으나 너무도 확신을 가지고 있었기에 말릴 수가 없었다.

그 후 얼마 있다가 우리 교회를 떠나 또 다른 교회로 옮겨 갔다. 매우 안타까웠지만 그 때까지만 해도 우리 교회 안에는 치유사역훈련이 전무한 상태였기 때문에 별다른 조치를 취할 수 없었다. 이러한 일들은 필자 뿐 아니라 한국교회가 겪고 있는 문제라 생각한다.

필자는 교회의 이러한 실정을 경험하면서 치유사역에 대하여 관심을 갖고 꾸준히 노력을 해왔다. 그 결과 이러한 자료를 교회 앞에 내놓게 되었다. 이 자료는 우리 교회의 치유사역자들을 훈련하기 위하여 만들어졌지만 모든 교회들로 하여금 치유사역훈련을 하도록 도와주는데도 일조하리라 생각되어 교재를 내게 되었다.

교회는 은사를 받은 성도들로 하여금 은사를 찾게 만들어 주고 그 은사를 따라 사역하도록 도와줄 수 있어야만 한다. 그것이 잘 되지 않을 때 교회는 적지 않은 혼란을 겪게 된다. 치유사역은 많은 은사 중 한 가지나 교회가 해야 할 3대 사역 중의 하나이기 때문에 그 차지하는 비중이 적지 않다는 사실을 알아야 한다.

다만 치유기도를 할 때에 안전을 위하여 소그룹으로 하는 기도가 이상적이다. 그래야 교만을 차단할 수 있기 때문이다. 이것은 치유사역의 안전장치 중 하나이다.
치유사역자는 철저히 자신이 하나님의 심부름꾼임을 알아야 한다. 자신을 드러내지 말아야 한다. 그것이 치유사역을 지속할 수 있는 길이기 때문이다.

1. 치유의 _____ 을 바로 이해하고 있는 지를 점검하라

하나님께서는 치유를 통해 하나님의 _____ 을 이루시기를 원하고 계신다.

1-1. 환자를 _____ 하는 것이 목적이다.

● 행 3:6-10 베드로가 이르되 은과 금은 내게 없거니와 내게 있는 이것을 네게 주노니 나사렛 예수 그리스도의 이름으로 일어나 걸으라 하고 오른손을 잡아 일으키니 발과 발목이 곧 힘을 얻고 뛰어 서서 걸으며 그들과 함께 성전으로 들어가면서 _____
모든 백성이 그 걷는 것과 하나님을 찬송함을 보고 그가 본래 성전 미문에 앉아 구걸하던 사람인 줄 알고 그에게 일어난 일로 인하여 심히 놀랍게 여기며 놀라니라

하나님께서는 하나님의 자녀들이 건강하고 행복하길 원하신다. 환자를 자유케하므로 하나님의 형상대로 지음을 받은 피조물인 성도들이 자유를 누리며 살게 되므로 치유를 경험한 자가 하나님께 _____ 을 돌리며 하나님의 영광을 위하여 남은 생을 살게 된다.

1-2. 영혼을 _____ 하는 것이 목적이다.

● 행 5:12-14

1-3. 하나님의 영광을 드러내는 것이 _____ 목적이다.

- 요 14:12-14

- 행 4:21-22

환자를 치유하는 이유는 하나님의 자녀들을 자유케 해주시는 것이고 그 다음은 영혼을 구원하는 것이고 궁극적인 목적은 하나님의 영광을 드러내는 것이다. 치유를 통해 하나님의 영광을 드러내면 하나님의 나라가 _____ 된다. 즉 교회가 부흥되어 하나님께 영광이 돌려지게 된다.

2. 치유할 _____ 가 되었는지 자신을 먼저 점검하라

2-1. 영적 _____ 이 준비되었는지를 점검하라

● 행 2:38

    치유를 하시는 분은 주님이시다. 주님은 지금 성령을 통하여 치유하신다. 따라서 치유를 행하는 사역자들은 먼저 영적 청결을 준비하고 유지해야 한다. 성령은 거룩한 영이시므로 _____ 자를 통해 일하시기 때문이다. 영적 청결이 준비되지 않고서는 권능의 역사는 일어나지 않는다. 따라서 영적 청결을 먼저 준비해야 한다.

2-2. _____ 이 준비되었는지를 점검하라

● 막 9:23

    하나님께서는 _____ 을 통해 역사하신다. 믿음만큼 믿음대로 역사하신다. 예수께서는 언제나 "네 믿음대로 되리라"고 말씀하셨다. 피치유자는 물론 치유사역자는 치유에 대하여 추호의 의심이 없는 상태에서 치유를 해야만 한다. 어떻게 보면 그것이 불가능해 보일지도 모른다. 그러나 끊임없는 사역을 펼치다 보면 믿음이 더욱 강화되기 때문에 가능해 진다. 그러므로 지속적으로 사역을 펼치는 일은 매우 중요하다.

2-3. _____ 할 말씀이 준비되었는지를 점검하라

- 시 107:20

　치유의 가장 중요한 자료는 _____ 이다. 하나님께서는 말씀으로 세상을 창조하셨고 말씀으로 모든 능력을 나타내셨다. 그 말씀은 오늘날도 동일하다. 그 말씀은 예수 그리스도시며 능력 그 자체이다. 하나님께서는 말씀으로 우리를 거듭나게 하시며 구원의 능력을 펼치신다. 그러므로 치유사역자는 말씀의 본질을 잘 알고 믿음으로 말씀을 선포해야 한다.

2-4. 치유할 영적 _____ 이 준비되었는지를 점검하라

- 막 9:28-29

　능력은 말씀 그 자체를 통해 나타나지만 사역자는 하나님의 통로로서 영적인 _____ 을 소유해야만 한다. 예수께서는 "우리는 왜 능력을 행할 수 없습니까?"라는 제자들의 질문에 기도 외에는 이런 종류가 나갈 수 없다고 대답하셨다. 하나님께서는 기도하는 자들에게 권능을 부어주신다는 의미이다. 이는 끊임없이 하나님을 바라보게 하시기 위해서이다. 그래야만 교만해지지 않을 수 있기 때문이다. 교만은 사단에게서 온다. 교만은 사단이 가장 즐겨 사용하는 수단이다. 교만하면 모든 것이 무너지게 된다.

2-5. 보혈을 _____ 하는 지를 점검하라

(1) 치유는 죄의 _____ 후에 이루어진다.

● 마 9:2

● 막 2:5

● 눅 5:20

(2) 죄의 처리는 예수님의 보혈을 _____ 으로만 가능하다.

● 히 9:22

● 히 9:13-14

NOTE

● 마 26:28

　치유사역은 치유사역자 자신의 선행이나 공로로 되는 것이 아니라 예수님의 _____ 의 공로로 된다. 치유는 영적 청결이 이루어 졌을 때 가능하기 때문이다. 치유사역자 자신은 물론 피치유자의 영적 청결이 이루어 지려면 예수님의 보혈이 절대적으로 필요하다. 따라서 치유 사역자나 피치유자 모두가 예수님의 보혈을 의지해야만 치유를 경험할 수 있다.
　(예) 유리컵의 비유

2-6 주님만을 _____ 하는 지를 점검하라

● 시 32:10

● 시 22:4

● 렘 17:7

● 나 1:7

　구원이 예수님을 구주로 영접하는 자들에게 값없이 은혜로 주어지듯 _____ 또한 하나님을 철저히 신뢰하는 자들에게 값없이 주어지는 하나님의 은혜이다. 치유사역은 인간의 수고나 노력 때문에 이루어지는 것이 아니라 하나님의 은혜에서 비롯되는 것이다. 그러므로 철저히 하나님을 신뢰하라

3. 치유의 _____ 곧 피치유자를 점검하라

　하나님께서 택하신 사람인가를 분별하라. 하나님께서 택하신 자는 다음과 같은 특징을 나타낸다.

3-1. 치유의 _____ 를 느낀다.

● 막 10:51

● 막 5:25-29 열두 해를 혈루증으로 앓아 온 한 여자가 있어 많은 의사에게 많은 괴로움을 받았고 가진 것도 다 허비하였으되 아무 효험이 없고 도리어 더 중하여졌던 차에 예수의 소문을 듣고 무리 가운데 끼어 뒤로 와서 그의 옷에 손을 대니 이는 내가 그의 옷에만 손을 대어도 _____ _____ 생각함일러라 이에 그의 혈루 근원이 곧 마르매 병이 나은 줄을 몸에 깨달으니라

하나님께서 붙여주시는 사람은 치유 받기를 소원한다. 전도가 그렇듯이 치유는 하는 것이 아니라 _____ 것이라고 봄이 타당하다. 하나님께서 역사하셔야 치유가 일어나기 때문에 치유사역자는 하나님의 통로이며 도구일 뿐이다. 그러므로 하나님께서 시키시는 대로 하기만 하면 치유사역자들은 사명을 다하는 것이다. 치유는 치유사역자는 물론 피치유자의 믿음으로 되는 것이므로 치유사역자는 말씀대로 하기만 하면 된다. 나머지는 주님께서 하신다.

3-2. 피치유자는 치유에 대한 _____ 을 갖는다.

● 마 9:2
_____
_____
_____
_____

● 막 10:52
_____

고침 받을 자는 믿음을 갖고 나오거나 말씀을 듣는 중에 믿음을 갖는다. 예수님 당시 고침을 받은 사람들은 예수님께 나아올 때 믿음을 가지고 나왔다. 믿음을 가진 자들은 다 _____ 을 받았다. 그러므로 지금도 믿음을 가진 자는 다 고침을 받는다.

3-3. 말씀을 _____ 한나.

● 마 13:23

● 행 10:44-48 베드로가 이 말을 할 때에 _____ _____ 베드로와 함께 온 할례 받은 신자들이 이방인들에게도 성령 부어 주심으로 말미암아 놀라니 이는 방언을 말하며 하나님 높임을 들음이러라 이에 베드로가 이르되 이 사람들이 우리와 같이 성령을 받았으니 누가 능히 물로 세례 베풂을 금하리요 하고 명하여 예수 그리스도의 이름으로 세례를 베풀라 하니라 그들이 베드로에게 며칠 더 머물기를 청하니라

● 행 16:32-34

NOTE

고침을 받을 자는 말씀을 들을 때에 말씀을 수용한다. 마치 스펀지가 물을 빨아 들이 듯 말씀을 받아들인다. 이것을 신학적으로는 계시의 _____ 이라고 한다.

3-4. 치유사역자의 _____ 순종한다.

● 막 9:23-27   예수께서 이르시되 할 수 있거든이 무슨 말이냐 _____ _____ 하시니 곧 그 아이의 아버지가 소리를 질러 이르되 내가 믿나이다 나의 믿음 없는 것을 도와 주소서 하더라 예수께서 무리가 달려와 모이는 것을 보시고 그 더러운 귀신을 꾸짖어 이르시되 말 못하고 못 듣는 귀신아 내가 네게 명하노니 그 아이에게서 나오고 다시 들어가지 말라 하시매 귀신이 소리 지르며 아이로 심히 경련을 일으키게 하고 나가니 그 아이가 죽은 것 같이 되어 많은 사람이 말하기를 죽었다 하나 예수께서 그 손을 잡아 일으키시니 이에 일어서니라

● 눅 17:13-14
_____
_____
_____
_____

믿음의 사람은 성령의 감동하심에 따라 치유사역자의 지시에 ____ 한다.

위와 같은 사람을 만나면 치유하라.

적용 이번 과의 가르침에서 새롭게 깨달은 것과 개인적으로 적용하고 실천하기를 원하는 것을 적고 나누어 보자.

_____

_____

_____

기도 치유사역자로 잘 준비되도록 간절히 부르짖고 기도하자.

NOTE

9 피치유자를 준비시켜라

● **찬양** / 하나님은 우리의 피난처가 되시리

● **막 7:24-30** / 예수께서 일어나사 거기를 떠나 두로 지방으로 가서 한 집에 들어가 아무도 모르게 하시려 하나 숨길 수 없더라 이에 더러운 귀신 들린 어린 딸을 둔 한 여자가 예수의 소문을 듣고 곧 와서 그 발 아래에 엎드리니 그 여자는 헬라인이요 수로보니게 족속이라 자기 딸에게서 귀신 쫓아 주시기를 간구하거늘 예수께서 이르시되 자녀로 먼저 배불리 먹게 할지니 자녀의 떡을 취하여 개들에게 던짐이 마땅치 아니하니라 여자가 대답하여 이르되 주여 옳소이다마는 상 아래 개들도 아이들이 먹던 부스러기를 먹나이다 예수께서 이르시되 이 말을 하였으니 돌아가라 ＿＿＿＿＿＿＿＿＿＿＿＿＿＿＿＿＿＿＿＿ 하시매 여자가 집에 돌아가 본즉 아이가 침상에 누웠고 귀신이 나갔더라

익살로 유명한 벤자민 프랭클린은 이런 말을 한 적이 있다.

"병은 하나님이 고치는데 요금은 의사가 받는다."

이 말은 인간의 질병을 치료하시는 분이 하나님이심을 나타낸 말이다.

뉴욕의 콜롬비아 프레스비터리언 병원 현관에 "치유는 지극히 높은 자로부터 온다(For of the Most High cometh Healing)"는 말이 새겨져 있다고 한다. 병원에 이런 글귀가 기록되어 있는 이유는 무엇인가?

그것은 치유의 근본은 인간에게 있지 않고 하나님께 있음을 보여주는 말이다.

그렇다. 치유는 하나님께로부터 온다. 하나님은 만물의 창조자이시며 만물의 주재가 되시기 때문이다. 예수님께서는 참새 한 마리도 하나님의 허락하심이 없이는 결코 땅에 떨어지지 않는다고 말씀하시므로 사람들이 하찮게 여기는 적은 생명이라도 하나님의 주권에 의해 다스려 지고 있음을 말씀하셨다. 그러므로 사람의 질병 치유도 하나님의 결정에 의해 좌우된다는 사실을 알아야 한다.

치유사역자는 하나님의 허락이 없이는 그 어떤 치유도 일어날 수 없다는 사실을 먼저 알아야만 한다. 하나님께서는 모든 성도가 치유 받기를 원하고 계신다. 치유는 치유사역자들의 도움을 통해 일어난다.

기도하는 자에게 직접 치유를 하기도 하시지만 그러한 경우도 말씀을 전해주는 자, 믿음을 심어주는 자들의 도움을 통해 일어난다.

그러므로 치유사역자는 피치유자에게서 치유가 일어나도록 적극적으로 도와주어야만 한다. 하나님께서 원하시는 것은 단순한 질병의 치료가 아니라 그들의 영혼을 살리시는 것이다. 영혼이 구원을 받고 자유함을 누리며 하나님 앞에서 영원토록 기뻐하며 하나님께 영광을 돌리게 되는 것이 치유의 근본 목적이다. 따라서 치유사역자는 이러한 목적이 달성될 수 있도록 피치유자를 준비시키는 것이 필요하다.

치유사역자는 피치유자를 다음과 같이 준비시켜 주어야 한다.

1. 영적 _____ 로 준비시켜라

● 사 59:1-3

죄는 하나님과 인간 사이를 _____ 지게 한다.

● 욥 8:6

청결을 이루면 하나님의 _____ 을 받고 형통해진다.

● 시 66:18

죄악으로부터 정결케 되지 않으면 _____ 하지 않으신다.

● 히 9:13-14

영적 청결은 예수님의 _____ 로만 된다.

영적 청결은 치유사역자 자신은 물론 _____에게도 필수적이다. 영적 청결이 없는 치유는 불가능하다. 영적 청결이란 모든 죄로부터 영이 깨끗해지는 것을 말한다. 과연 모든 죄로부터 영적 청결은 가능한 것인가? 가능하다. 어떻게 모든 죄로부터 영적 청결이 가능하단 말인가? 그것은 우리 죄를 해결해주신 주님을 구주로 영접함으로 가능하다. 예수님은 우리 죄를 대속하기 위하여 이 땅에 오셨고 우리의 죄를 담당하시기 위하여 십자가에 돌아가셨다. 이 사실을 _____ 때 모든 죄로 깨끗함을 얻게 된다. 그래서 치유과정이 꼭 필요한 것이다.

2. _____ 을 준비케 하라

● 막 9:23-24

예수님은 귀신 들린 아이의 아버지에게 믿음을 갖도록 도와주셨다. 치유사역자는 피치유자로 하여금 _____ 을 갖도록 도와주어야 한다.

● 롬 10:17

말씀을 들으면 _____ 이 온다. 치유사역자는 피치유자에게 믿음의 말씀을 들려주어야 한다.

● 눅 5:1-7 무리가 몰려와서 하나님의 말씀을 들을새 예수는 게네사렛 호숫가에 서서 호숫가에 배 두 척이 있는 것을 보시니 어부들은 배에서 나와서 그물을 씻는지라 예수께서 한 배에 오르시니 그 배는 시몬의 배라 육지에서 조금 떼기를 청하시고 앉으사 배에서 무리를 가르치시더니 _____ _____ 시몬이 대답하여 이르되 선생님 우리들이 밤이 새도록 수고하였으되 잡은 것이 없지마는 말씀에 의지하여 내가 그물을 내리리이다 하고 그렇게 하니 고기를 잡은 것이 심히 많아 그물이 찢어지는지라 이에 다른 배에 있는 동무들에게 손짓하여 와서 도와 달라 하니 그들이 와서 두 배에 채우매 잠기게 되었더라

시몬 베드로는 예수님의 말씀을 들을 때 믿음이 생겼고 믿음으로 순종할 때 _____ 을 체험할 수 있었다.

치유사역자는 피치유자로 하여금 하나님을 100% 도와주어야만 한다. 과연 100% 믿음을 갖도록 도와주는 것이 가능한 일일까? 그것은 가능한 일이다. 100% 믿음이 항상 유지되지는 못할 수도 있으나 말씀을 통해 100%의 믿음을 갖도록 도와줄 수 있다. 이 때 _____ 하라

3. 모든 것을 하나님께 _____ 하라

● 시 37:5

● 시 55:22

● 빌 4:6-7

모든 것을 하나님께 맡기도록 도와주라. 평강이 올 때까지 기도하도록 도와주라

● 벧전 5:7

● 요일 3:21-24 사랑하는 자들아 만일 _____ 하나님 앞에서 담대함을 얻고 무엇이든지 구하는 바를 그에게서 받나니 이는 우리가 그의 계명을 지키고 그 앞에서 기뻐하시는 것을 행함이라 그의 계명은 이것이니 곧 그 아들 예수 그리스도의 이름을 믿고 그가 우리에게 주신 계명대로 서로 사랑할 것이니라 그의 계명을 지키는 자는 주 안에 거하고 주는 그의 안에 거하시나니 우리에게 주신 성령으로 말미암아 그가 우리 안에 거하시는 줄을 우리가 아느니라

NOTE

모든 _____ 즉 증오와 원망과 불평과 욕심을 다 내 놓도록 하라 모든 것을 다 내 놓으면 치료를 시작하라

적용 이번과의 가르침에서 새롭게 깨달은 것과 개인적으로 적용하고 실천하기를 원하는 것을 적고 나누어 보자.

기도 치유사역자로 잘 준비되도록 간절히 부르짖고 기도합시다.

제02권

치유사역은 이렇게 하라

— 치유의 실제 —

제1과 ● 창조자이신 하나님을 전하라 114
제2과 ● 피조물인 인간을 전하라 123
제3과 ● 말씀이신 예수그리스도를 전하라 131
제4과 ● 새로운 피조물이 되었음을 전하라 139
제5과 ● 새롭게 하시는 성령님을 전하라 147
제6과 ● 말씀으로 치료하시는 하나님을 전하라 154
제7과 ● 하나님을 신뢰하게 하라 164
제8과 ● 믿음으로 행하게 하라(1) 172
제9과 ● 믿음으로 행하게 하라(2) 181
제10과 ● 믿음으로 행하게 하라(3) 187
제11과 ● 치료 후의 사후조치(치유사역자용) 193

말씀이 없으면 기적은 없다

치유를 시작하려면 치유사역자는 몇 가지 점검을 하고 시작해야만 한다는 것을 앞에서 배웠다.

첫째는, 치유의 목적을 바로 알고 있는 지를 점검해야 한다는 것이다.

치유의 목적은 하나님의 목적대로 죄악으로 인하여 고통 받는 자들을 자유케 해주고 그들을 구원으로 인도하며 궁극적으로는 하나님께 영광을 돌리는 것이다.

둘째는, 자신을 돌아보라는 것이다.

영적 청결이 준비되었는지, 믿음이 준비되었는지, 전파할 말씀이 준비되었는지, 행할 능력이 준비되었는지를 잘 살펴보아야 한다.

셋째는, 보혈을 의지하는 지를 점검하라는 것이다.

치유는 죄의 처리 후에 이루어지므로 예수님의 보혈을 의지하는 것이 필요하다.

넷째는, 주님만을 신뢰하고 있는 지를 점검하라는 것이다.

주님은 자기를 신뢰하는 자를 아시며 도우신다.

다섯째는, 치유의 대상을 분별하라는 것이다.

치유의 필요를 느끼는 사람, 믿음을 갖는 사람, 말씀을 수용하는 사람, 치유자의 지시에 순종하는 사람인지를 보라는 것이다.

또한 피치유자를 준비시켜야 하는데 피치유자를 영적 청결로 100%의 믿음을 갖도록 그리고 모든 것을 다 내놓도록 준비시켜야만 한다.

그리고 말씀으로 치유하라는 것이다. 살아 움직이는 말씀 곧 복음이 치유의 열쇠이다(히 4:12; 눅 4:18-19). 하나님께서는 택하신 백성이 부르짖을 때 말씀을 보내사 위경에서 건지신다(시 107:20). 그러므로 말씀으로 치유해야 한다.

이 때 치유시간과 강약을 조절하는 것도 필요하다. 치유자의 영적 상태를 파악하고 하나님께서 붙여주시는 자가 확실하면 치유시간과 강약을 조절하는 것이 필요하다. 그러나 더욱 중요한 것은 내 의지를 가지고 하지 말라는 것이다. 하나님께서는 내 의지와는 상관없이 일하실 때가 많기 때문이다. 그러므로 성령 하나님의 일하심에 민감해야 한다.

이제 치유의 말씀을 살펴보기로 하자.
치유를 위해서는 성경의 핵심적인 말씀을 피치유자에게 심어주어야 한다. 다시 한 번 강조해 두지만 말씀이 없이 기적은 없다는 사실을 알아야 한다. 말씀은 능력이 있다. 말씀은 능력 그 자체이다.
히브리서 4장 12절의 말씀이 이를 잘 보여주고 있다.
"하나님의 말씀은 살아 있고 활력이 있어 좌우에 날선 어떤 검보다도 예리하여 혼과 영과 및 관절과 골수를 찔러 쪼개기까지 하며 또 마음의 생각과 뜻을 판단하나니"
말씀이 가면 기적이 일어나나 모든 것에는 적합한 것이 있듯이 치유를 위해서도 그러하다. 그러므로 치유사역자는 치유에 필요한 말씀을 잘 알고 그 말씀을 가지고 치유가 필요한 사람들을 치유할 수 있어야만 한다.

1 창조자이신 하나님을 전하라

● **찬양** / 주는 나의 힘이요 (하늘 위에 주님 밖에)

● **사 40:26** / 너희는 눈을 높이 들어 누가 이 모든 것을 창조하였나 보라 주께서는 수효대로 만상을 이끌어 내시고 그들의 모든 이름을 부르시나니 그의 권세가 크고 그의 능력이 강하므로 하나도 빠짐이 없느니라

치유를 하기 위해서는 먼저 하나님이 어떤 분인지를 바로 알게 해야 한다.

치유사역자는 하나님이 어떤 분인지를 정확히 선포할 수 있어야 한다.

하나님을 모르는 상태에서는 치유사역이 결코 일어날 수 없기 때문이다.

치유사역자는 먼저 자신이 하나님을 바로 알 뿐 아니라 치유를 받고자 하는 피치유자에게 하나님을 알도록 해야 한다.

어떻게 하나님을 알도록 해야 하는가?

1. 하나님께서 _____ 되심을 선포하라

● 창 1:1

세상을 창조했다고 선포하시는 분은 오직 _____ 한 분 뿐이다.

● 사 42:5

● 사 45:7

● 사 45:18

● 전 12:1

_____ 를 모르고 사는 것은 불행한 일이다.

세상을 보면 놀라움을 금할 수 없다. 그 이유는 세상에 존재하는 것들이

NOTE

NOTE

너무도 완벽하게 조화를 이루고 있기 때문이다. 모든 사물이 아무렇게나 존재하는 것이 아니라 완벽한 조화를 이루고 있는 것은 하나님께서 구상하시고 _____ 때문임을 성경은 말씀하고 있다. 하나님께서 창조하신 것은 부족함이나 불완전함이 없다. 과학자들조차 감탄하지 않을 수 없다.

2. 하나님의 _____를 선포하라

● 출 3:13-14

● 출 20:3

● 신 5:7

● 호 13:4

하나님은 다른 피조물과는 달리 스스로 계시는 분이다. 하나님 이외의 다른 모든 존재는 하나님의 지음을 받았다. 하지만 하나님은 누구에게서 나시지 않고 _____ 계시는 분이시다. 하나님은 인류가 세상에 존재하기 전부터 존재하신 분이시다. 어떻게 존재하시게 되었는지 우리가 알려고 할 필요가 없다. 왜냐하면 우리가 연구한다고 해도 하나님께서 어떻게 존재하시게 되었는지 알 수 없기 때문이다. 그러나 분명한 것은 하나님은 분명히 살아계신다는 것이다. 우리는 하나님이 어떻게 존재하시게 되었는지 알 수 없으나 하나님이 살아계시는 것만은 분명히 알 수 있다. 어떻게 하나님께서 살아계심을 알 수 있는가?

세 가지 존재 증명

하나님은 증명의 대상이 될 수도 되어서도 안 된다. 하지만 다음과 같은 사실은 하나님의 존재를 부정할 수 없도록 만든다.

① _____ 증명

「만든 자 없이 존재하는 사물은 아무 것도 없다.」는 사실을 통해서 하나님의 존재하심을 알 수 있다. 모든 기계에는 제작자와 제작 년 월 일이 있다. 마찬가지로 모든 사물 역시 제작자가 계신다. 그 분이 바로 하나님이시다. 이 건물 안에 존재하는 모든 것 먼지 하나, 공기 한 방울, 물 한 분자까지도 만든 분이 계시기에 존재한다.

② _____ 의 증명

원인이 없이 결과가 없다. 원인이 있어야 결과가 있다. 이 세상이 존재하는 것은 존재하게 하신 분이 계시기에 가능하다. 이 세상을 존재하게 하신 분이 계신다. 그 분은 바로 하나님이시다.

③ _____ 에 의한 증명(목적론적 증명)

모든 사물이 너무도 분명한 목적을 가지고 누군가에 의해 만들어졌음을 알 수 있다. 우리 인체의 모든 구조와 기능 그리고 역할을 살펴보면 전능하신 분이 만드셨다는 것을 깨닫지 않을 수 없다. 눈의 기능, 혀의 기능, 코의 기능만 보아도 알 수 있다.

NOTE

NOTE

하나님께서는 분명한 목적을 가지고 당신을 지으셨다. 그것은 사명이다. 사명이 있는 자는 사명이 다하기까지는 결코 죽지 않는다. 이번 기회에 당신의 사명을 찾아 드리겠다.

3. 만유의 _____ 이심을 선포하라

● 대상 29:12

● 시 22:28

● 단 2:47

● 마 11:25

● 행 17:24

● 계 6:10

　하나님은 우주를 지으신 분이시기 때문에 세상을 원하시는 대로 움직이시고, _____ 하신다. 모든 피조물은 하나님의 뜻을 거역할 수 없다. 하나님의 뜻을 거역하고 살아남을 수 있는 존재가 없다. 악한 영들도 마지막 날에는 심판을 받고 영원한 지옥에 들어가게 된다.

4. 하나님의 _____ 하심을 선포하라

● 창 1:3

● 창 1:6-7

● 창 1:9

● 창 1:11

NOTE

● 창 1:14-15

● 창 1:20-21

● 창 1:24

하나님은 모든 것을 지으시고 모든 것을 하실 수 있는 분이시다. 창세기 1장을 보면 "이르시되"라는 말씀이 나온다. "이르시되"란 말씀을 가리킨다. 이 "이르시되"라는 단어 후에는 반드시 창조의 _____ 이 일어났음을 볼 수 있다. 그러므로 창조자이신 하나님께서 오늘 나에게도 말씀하시면 기적이 일어난다. 그런데 하나님은 자녀 된 자에게 이 은혜를 베풀어주신다. 하나님의 자녀는 예수님을 영접하기만 하면 된다. 성경 요한복음 1:12을 보면 예수께서는 "영접하는 자 곧 그 이름을 믿는 자들에게는 하나님의 자녀가 되는 권세를 주셨으니"라고 말씀 하셨다. 그러므로 지금 예수님을 영접하면 하나님 아버지의 자녀가 되어 놀라운 은혜를 체험할 수 있다.

영접초청

지금 하나님께서는 당신을 치유하시기를 원하신다. 여기에 온 것은 우연이 아니라 하나님의 계획하심이 있기 때문이다. 하나님께서는 자녀 된 자들을 치유하신다. 하나님의 자녀가 되는 길은 어렵지 않다. 지금 예수님을 구주로 영접하면 된다. 예수님을 영접하면 지금 즉시 하나님의 자녀가 되고 우리와 같은 혜택을 누리게 된다. 이 땅에서도 질병의 치유는 물론 말할 수 없는 혜택을 누리고 영원한 생명을 얻어 하나님 나라에서 영원토록 살 수 있는 자격을 얻게된다. 지금 내가 도와 드리겠다. 눈을 감고 손을 내밀라. 그리고 내가 하는 기도를 따라 하기 바란다.

영접기도

"사랑이 많으신 하나님, 저는 지금까지 지극히 높으신 하나님을 바로 알지 못하고 살아 왔습니다. 이번 기회를 통하여 저를 이 자리에 있게 해 주신 것을 감사드립니다. 저는 우리 죄를 해결해 주시기 위하여 이 세상에 보내주신 예수님을 저의 구원의 주님으로 영접합니다. 나의 죄를 위해 이 세상에 오셔서 십자가를 지신 사랑의 주 예수님 지금 제 마음에 모시기를 원합니다. 지금 제 마음에 오셔서 저의 구원자가 되어 주십시오. 이제부터 예수님을 제 인생의 주인으로 모시고 살겠습니다. 저를 인도해 주십시오. 이제 하나님은 나의 아버지가 되시고 예수님은 저의 구주가 되심을 믿습니다. 저는 남은 인생 하나님을 잘 섬기며 살겠습니다. 저를 도와주세요. 이 모든 것을 예수님의 거룩하신 이름으로 기도 드렸습니다. 아멘."

NOTE

NOTE

적용 이번 과의 가르침에서 새롭게 깨달은 것과 개인적으로 적용하고 실천하기를 원하는 것을 적고 나누어 보자.

기도 하나님과의 인격적인 만남을 위해 간절히 부르짖고 기도하자.

2. 피조물인 인간을 전하라

● **찬양** / 주만 바라 볼지라

● **창 1:26-27** / 하나님이 이르시되 우리의 형상을 따라 우리의 모양대로 우리가 사람을 만들고 그들로 바다의 물고기와 하늘의 새와 가축과 온 땅과 땅에 기는 모든 것을 다스리게 하자 하시고 하나님이 자기 형상 곧 하나님의 형상대로 사람을 창조하시되 남자와 여자를 창조하시고

인간은 하나님의 지으심을 받은 피조물이다.

그런 까닭에 인간의 생사화복이 하나님께 달려 있다. 치유를 위해서는 인간이 하나님의 지으심을 받은 피조물이라는 사실이 강조되어야 한다. 이것이 중요한 이유는 하나님께서 인간을 지으셨다는 사실을 바로 알면 우리 인간의 신체구조를 가장 잘 아시고 고치시는 분도 하나님이심을 알게 되기 때문이다. 하나님께서 우리를 지으셨기에 우리의 신체구조를 가장 잘 아시며 완전하게 회복시키실 수 있다. 그러므로 이 사실을 믿고 하나님께 기도할 때 하나님께서는 우리 육체를 온전히 회복시켜 주신다.

시 139편13-14절에서 시편 기자 다윗은 "주께서 내 내장을 지으시며 나의 모태에서 나를 만드셨나이다 내가 주께 감사하옴은 나를 지으심이 심히 기묘하심이라 주께서 하시는 일이 기이함을 내 영혼이 잘 아나이다"라고 했다.

인간이 하나님의 지으심을 받은 피조물인 까닭에 하나님처럼 인간을 치유하실 수 있는 존재는 그 어디에서도 찾아 볼 수 없다.

1. 하나님의 _____ 대로 지음 받은 인간 – 복된 존재로서의 인간

● 창 1:26-28

하나님의 형상대로 지음을 받았다는 것은 매우 복되고 영광스러운 존재로 지음 받았다는 말이다. 타락하기 이전의 인간은 영광스러운 존재였다. 하나님께서 인간을 당신의 형상대로 지으시고 처음으로 하신 일이 복을 주신 일이다. 그러므로 하나님께서 처음 지으신 인간은 영광스럽고 _____ 된 존재이었다. 무엇에 부족함을 느낄 필요가 없는 행복한 존재였던 것이다. 당연히 질병으로 고통을 당하지 않아도 되는 존재였다.

2. _____ 인간 – 회복이 필요한 존재

● 창 3:11

거역, 불순종에 대한 하나님의 책망

● 창 3:17-19

죄로 인한 하나님의 심판 - 저주

● 렘 17:9

타락한 인간의 본성 - 거짓되고 심히 부패

● 롬 3:10

모든 사람이 문제(질병도 포함) 속에 산다.

● 롬 3:23

● 시 107:17-18

인간은 본래 하나님께서 하나님의 형상대로 지으신 영광스러운 존재였으며 또한 하나님께서 지으시자마자 처음으로 복을 주시는 일을 하셨다. 따라서 본래의 인간은 부족함이 전혀 없는 행복한 존재였으나 인간이 하나님의 명령을 어기고 선악을 알게 하는 금단의 열매를 따서 먹으므로 세상에 저주가 임했고 불행이 시작되었다. 타락 이후로 세상에는 온갖 불행이 오게 되었다. 질병은 인간의 타락으로 인하여 오게 된 _____ 이다.

3. 인간에게 절대적으로 필요한 _____

타락한 인간이 살 수 있는 길은 타락에서의 회복뿐이다. 그러나 인간 스스로에게는 회복의 _____ 이 없다. 그래서 이를 안타깝게 여기신 독생자 예수님께서 하늘 영광을 뒤로 하시고 이 세상에 자원하여 오셔서 우리의 죄를 대신하여 십자가에 죽으심으로 인간에게는 회복의 길이 열리게 되었다.

● 사 53:5-6

성경책 예화

- 롬 3:23-24

의롭다 – 깨끗하면 성령이 역사 –치유가 일어나기 시작

- 눅 4:18-19

- 요 1:12

자녀-부모, 자녀-하나님 아버지 : _____ , _____ , _____ (맡기면 하나님께 100% 책임져 주신다.)

- 마 10:1

NOTE

NOTE

"하나님께서 저를 이곳에 보내주셨습니다." - 사역(치유)하도록

"저는 하나님의 심부름을 하기 위해 이 자리에 왔습니다."

"제가 할 일은 하나님께서 전하라고 하신 말씀만 전하고 가는 것입니다."

"저는 하나님의 도구에 불과합니다."

언어 메커니즘 - 믿음의 말 반복 중요

- 약 5:13-16 너희 중에 고난당하는 자가 있느냐 그는 기도할 것이요 즐거워하는 자가 있느냐 그는 찬송할지니라 너희 중에 병든 자가 있느냐 그는 교회의 장로들을 청할 것이요 그들은 주의 이름으로 기름을 바르며 그를 위하여 기도할지니라 믿음의 기도는 병든 자를 구원하리니 주께서 그를 일으키시리라 혹시 죄를 범하였을지라도 사하심을 받으리라 그러므로 너희 죄를 서로 고백하며 병이 낫기를 위하여 서로 기도하라

의인 - 법정적 의인

- 마 28:18-20

모든 권세 - 모든 문제를 해결할 수 있는 권세 (질병포함)

타락으로 인하여 저주 아래 놓여 진 인간이 저주의 불행에서 벗어나려면 타락의 신분에서 벗어나야만 한다. 타락의 신분에서 벗어나려면 예수님의 중보가 필요하다. 예수님의 중보를 믿고 예수님을 영접하는 자들에게는 하나님의 자녀가 되는 권세가 주어지며 모든 불행과 저주에서 벗어나는 _____ 의 은혜가 주어진다. 예수 그리스도로 말미암아 회복되기만 하면 실로 엄청난 삶을 살게 된다.

영접초청

지금도 늦지 않았다. 예수 그리스도를 영접하고 믿기만 하면 얼마든지 능력 있는 삶을 살 수 있다. 지금 예수님을 구주로 영접하라 그러면 놀라운 은혜를 체험할 수 있다. 지금이 바로 그 기회이다.

이번 기회에 질병의 고통으로부터 벗어나 자유하게 될 수 있다. 이 과정을 하신 모든 분들이 그런 은혜를 체험하였다. 이번 기회에 내가 당신을 도와 드리겠다. 지금 두 눈을 감고 손을 내밀어 보라. 그리고 내 기도를 따라하라.

영접기도

"사랑이 많으신 하나님, 저는 지금까지 지극히 높으신 하나님을 바로 알지 못하고 살아 왔습니다. 이번 기회를 통하여 저를 이 자리에 있게 해 주신 것을 감사드립니다. 저는 우리 죄를 해결해 주시기 위하여 이 세상에 보내주신 예수님을 저의 구원의 주님으로 영접합니다. 나의 죄를 위해 이 세상에 오셔서 십자가를 지신 사랑의 주 예수님 지금 제 마음에 오셔서 저의 구원자가 되어 주십시오. 이제부터 예수님을 제 인생의 주인으로 모시고 살겠습니다. 저를 인도해 주십시오. 하나님 아버지! 저는 남은 인생 하나님을 잘 섬기며 살겠습니다. 저를 도와주세요. 이 모든 것을 예수님의 거룩하신 이름으로 기도 드렸습니다. 아멘."

적용 이번 과의 가르침에서 새롭게 깨달은 것과 개인적으로 적용하고 실천하기를 원하는 것을 적고 나누어 봅시다.

기도 회복의 은혜를 주신 하나님께 감사하며 불쌍한 영혼들을 위해 일하는 사역자가 되도록 부르짖고 기도하자.

3

말씀이신 예수 그리스도를 전하라

● 찬양 / 주님 말씀하시면

● 롬 3:23-24 / 모든 사람이 죄를 범하였으매 하나님의 영광에 이르지 못하더니 그리스도 예수 안에 있는 속량으로 말미암아 하나님의 은혜로 값 없이 의롭다 하심을 얻은 자 되었느니라

우리는 앞 과에서 인간에게 회복이 필요하다는 것을 배웠다.

인간의 회복은 예수 그리스도의 중보로 이루어진다. 예수 그리스도의 중보가 없이는 인간의 회복이 전혀 불가능하다. 따라서 인간은 예수 그리스도를 의지해야만 한다.

여기 고트홀드로부터 인용한 아름다운 발췌문이 있다.

"내 영혼은 굶주리고 목마른 어린아이와 같습니다.

그분의 사랑과 위로만이 나를 소생시킵니다.

죄인인 나는 그분의 의가 필요합니다.

벌거벗은 나는 그분의 거룩하심과 순결하심이 필요합니다.

무지한 나는 그분의 가르치심이 필요합니다.

단순하고 어리석은 나는 그분의 성령의 인도가 필요합니다.

어느 시간, 어느 곳에선들 내가 그분 없이 살 수 있겠습니까?

고통 속에 있는 나를 그분은 도와주실 것입니다.

세상으로부터 상처 받은 나를 그분은 보호해 주실 것입니다.

버림받은 나를 그분은 돌봐주실 것입니다.

죽어가고 있는 내게 그분은 생명이 되어주실 것입니다.

풍요로우신 주님,

나는 빈곤합니다.

충만하신 주님,

나는 부족합니다.

의로우신 주님,

나는 죄를 짓습니다.

포도주와 향유를 가지고 계신 주님,

나는 상처를 입었습니다.

진실함과 신선함을 가지신 주님,

나는 배고프고 목마릅니다.

가난한 심령과, 텅 빈 그릇이 여기 있으니,

주님의 은혜로써 채워 주시옵소서.

죄로 가득 차고 고통스러운 영혼이 여기 있으니,

주님의 사랑으로 일깨워주시고 새롭게 하옵소서."

- 하나님께 가는 길 / D. L. 무디

1. 성자 _____ 이신 예수 그리스도

● 요 3:16-18

● 요 10:36

● 빌 2:5-8

하나님은 한 인격(人格:person)을 지닌 우리 인간과 달리 3위(三位:3persons)로 계신다. 삼위란 성부(聖父) 성자(聖子) 성령(聖靈)을 가리키며 위(位)는 인격을 나타낸다. 예수님은 2위(二位) _____ 이시다. 그런데 성자 예수님은 성부 하나님과 동등(同等)되신 인격이시다.

NOTE

2. _____ 하신 예수 그리스도

- 창 3:15

- 사 7:14

- 마 1:21-23

- 요 1:14

- 요 3:16

● 롬 5:19

　　성부 하나님과 함께 세상을 창조하신 제 2위의 하나님이신 성자 예수님께서는 타락으로 말미암아 죽은 우리 영혼들을 살리시기 위하여 ____의 몸을 입으시고 이 세상에 오셨다. 말씀이신 예수님이 육신을 입고 이 세상에 오신 것이다. 아담의 타락으로 인하여 죄가 세상에 들어오고 죄로 인하여 세상에 불행과 질병과 사망의 고통이 오게 되었다. 이 문제를 해결해 주시기 위하여 예수님은 인간의 몸을 입으셔야만 했다. 죄인이 죄인을 살릴 수 없기 때문에 예수께서 완전한 사람이 되셔서 이 세상에 오신 것이다.

3. _____ 이신 예수 그리스도

● 창 2:17

● 창 3:1-6　그런데 뱀은 여호와 하나님이 지으신 들짐승 중에 가장 간교하니라 뱀이 여자에게 물어 이르되 하나님이 참으로 너희에게 동산 모든 나무의 열매를 먹지 말라 하시더냐 여자가 뱀에게 말하되 동산 나무의 열매를 우리가 먹을 수 있으나 동산 중앙에 있는 나무의 열매는 하나님의 말씀에 너희는 먹지도 말고 만지지도 말라 너희가 죽을까 하노라 하셨느니라 뱀이 여자에게 이르되 너희가 결코 죽지 아니하리라 너희가 그것을 먹

NOTE

는 날에는 너희 눈이 밝아져 하나님과 같이 되어 선악을 알 줄 하나님이 아심이니라 여자가 그 나무를 본즉 먹음직도 하고 보암직도 하고 지혜롭게 할 만큼 탐스럽기도 한 나무인지라 여자가 그 열매를 따먹고 자기와 함께 있는 남편에게도 주매 그도 먹은지라

- 롬 5:12

- 롬 3:23-24

- 롬 6:23

- 히 9:22

- 마 26:26-28

● 엡 2:8-9

● 요 14:6

　모든 저주와 불행은 예수님을 마음에 _____ 으로 해결이 된다. 왜 인가? 모든 저주와 불행은 인간이 하나님을 떠난 데서 왔다. 그러므로 하나님께로 돌아오면 모든 문제가 해결된다. 모든 저주와 불행에서 벗어나게 된다. 질병도 이에 포함되어 있다. 그렇다면 어떻게 하나님께로 돌아갈 수 있는가? 예수 그리스도를 통해서 가능하다. 그러므로 예수님을 영접해야만 하는 것이다. 이미 예수님을 영접한 사람은 놀라운 일들을 경험하게 된다. 성경은 모든 사람이 죄를 범하여 하나님의 영광에 이를 수 없으나 예수 그리스도의 십자가의 죽으심으로 말미암아 죄에서 정결함을 받게 되고 구원을 받아 하나님의 자녀가 됨을 말씀하고 있다. 하나님의 자녀에게는 막강한 권세가 따른다. 하늘 황제의 태자가 되었다. 기도하면 응답이 온다. 성령께서 동행해 주시고 천군천사의 호위를 받게 된다. 사단 마귀를 제어할 수 있다. 과거에는 귀신을 두려워하였으나 이제는 두려워 할 필요가 없다. 권능을 받아 능력을 행할 수 있다. 하나님의 대리자(사신=대사) 곧 하나님 나라의 대사가 되며 질병을 치료하고 죽은 자를 살릴 수 있다. 복음으로 세상을 정복할 수 있다. 예수님을 영접하는 순간부터 실로 놀라운 일들을 경험하게 되는 것이다. 따라서 구원자 예수 그리스도를 영접해야 하는 것이다. 구원자는 오직 예수 그리스도 뿐이다.

적용
이번 과의 가르침에서 새롭게 깨달은 것과 개인적으로 적용하고 실천하기를 원하는 것을 적고 나누어 봅시다.

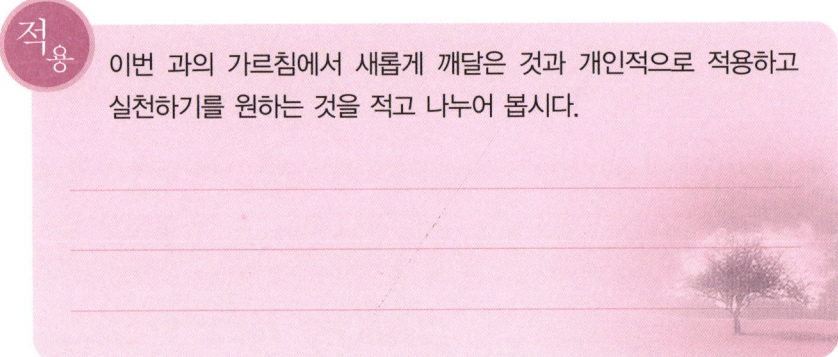

기도
구원자로 오신 예수 그리스도의 온전한 증인이 되도록 부르짖으며 기도하자.

4 새로운 피조물이 되었음을 전하라

- **찬양** / 지금은 엘리야 때 처럼
- **고후 5:17** / 그런즉 누구든지 그리스도 안에 있으면 새로운 피조물이라 이전 것은 지나갔으니 보라 새 것이 되었도다

성어거스틴은 젊은 시절 무척이나 방탕한 생활을 하였던 사람이다.

그를 위해 어머니 모니카는 매일 눈물로 기도할 정도로 그는 15년간이란 긴 세월을 세상에서 방황하며 살았다.

그러던 어느 날 로마서 13장 11-14절을 읽고 마음에 감동을 받게 되었다.

그 후로 그는 어두움의 옷을 벗고 빛의 갑옷을 입게 되었으며 그 때까지 방탕과 술 취함과 음란과 온갖 죄악에서 벗어나 오직 그리스도로 옷 입고 새로운 삶을 살게 되었다. 새사람이 된 그는 기독교 역사에서 성자로 불리게 되었고 후에 그는 신실한 신학자가 되었다.

또 한 사람의 예를 보자.

포악한 노예 상인이었고 탕아였던 존 뉴우톤은 예수 믿고 목사가 된 후 40여 년 동안 주님의 일을 하면서도 마음속에 지워지지 않는 한 가지 두려움을 가지고 있었다.

"아무리 주님이 우리의 모든 죄를 짊어지셨다고 하지만 나 같은 노예상인도 용서받을 수 있을까?"하고 되 뇌였으며, 문득 문득 과거의 죄가 떠오를 때에는 온 몸에 소름이 돋는 공포마저 들곤 했다.

그래서 그는 벽에다 이사야 43장 4절 말씀을 써 붙여 놓고 마음이 떨릴 때마다 읽었다고 한다.

"내가 너를 보배롭고 존귀하게 여기고 너를 사랑하였노라"

이 말씀을 가지고 그는 일생동안 하나님의 은혜로 구원받고 용서받은 것을 잊어버리지 않으려고 노력했으며 그는 82세를 일기로 숨을 거두며 한 말을 남겼다.

"나는 지금 하나님 나라로 간다. 그러나 아마 내가 하나님 나라로 가면 세 번 놀랠 것이다.

처음엔 전혀 하나님 나라에 오리라고 기대하지 않던 사람들이 와 있는 것을 보고 놀랄 것이고, 두 번째는 반드시 하나님 나라에 가면 만나리라고 기대했던 사람이 안 보이는 것을 보고 놀랄 것이고, 세 번째는 존 뉴우톤 노예 상인인 내가 그 자리에 와 있다는 것을 보고 놀랄 것이다."

누구든지 그리스도 안에 있으면 새로운 피조물이다. 이전과는 전혀 차원이 다른 사람이 된다. 우선 삶의 방향이 다르다. 이전에는 마귀를 추종하고 마귀가 시키는 일을 즐겨 했지만 새로운 피조물이 되고나면 그 일을 싫어하게 되고 하나님만을 섬기게 된다. 삶의 가치관도 목표도 달라진다. 이전의 가치는 세상 것이었으나 새로운 피조물이 되고 난 후는 하나님 나라의 가치로 산다. 이전에는 이 세상의 출세가 목표였지만 새로운 피조물이 되고 난 후엔 하나님 앞에 충성이 목표이다. 왜인가? 새로운 피조물이 되면 이 세상에서 바라던 모든 것을 하나님께서 채워주시기 때문이다.

1. 하나님의 _____이 회복 되었다.

● 롬 3:23-24

　　그리스도로 말미암아 _____이 회복되었다.

● 롬 8:29

● 고전 15:49

● 골 3:10

　　새로운 피조물이 되었다는 말은 인류의 타락으로 인하여 모든 사람이 하나님의 형상을 잃게 되었던 것을 예수 그리스도 안에서 _____ 받은 것을 말한다. 본질이 바뀌어 전혀 새로운 사람이 된 것을 말한다. 하나님의 형상을 회복하기 전에는 온갖 불의, 탐욕, 악의, 분노, 시기, 질투, 원망, 불평, 저주의 말 등이 삶의 속성이었다. 그러나 새로운 피조물이 되면 그

NOTE

러한 성향이 점차 사라지고 하나님의 성품으로 채워지게 된다. 하나님의 성품은 사랑, 지혜, 지식, 선, 의로움, 진실함, 거룩함 등이다. 이러한 성향은 새로운 피조물이 되는 순간 우리 안에 들어오게 된다. 이러한 성향은 하루아침에 가득 채워지지는 않는다. 하지만 새로운 피조물이 되는 순간부터 이전의 성향은 점차 사라지게 되고 새로운 피조물의 성향이 차오르게 된다. 이것을 가리켜 거듭남이라고 말한다. 마귀의 자녀로 살던 자가 하나님의 자녀로 다시 태어났다는 말이다. 하나님의 자녀로 거듭난 사람은 점차 하나님을 닮아간다. 성도는 그 일을 기뻐한다. 성도는 자신이 하나님을 닮아갈 때 한 없이 기쁨을 느낀다. 반면에 마귀의 모양이 자신에게 나타나는 것을 볼 때 충격을 느낀다.

2. _____ 으로 거듭났다.

- 요 3:3-5

거듭나야 _____ 를 알 수 있다.

- 요 3:7

- 벧전 1:3

- 딛 3:3-5

거듭남은 하나님의 _____에서 비롯된 것이다.

거듭난다는 말은 전혀 _____ 사람으로 출생한다는 말이다. 사람이 어떻게 전혀 새로운 사람으로 출생할 수 있단 말인가? 이 말은 육으로는 깨달을 수 없는 말이다. 달리 말하면 영으로라야 깨달을 수 있다는 말이다. 육의 사람은 영의 말씀을 전혀 깨닫지 못한다. 예를 들어 교회 주변에 살고 있는 구원 받지 못한 사람들을 수백 명 교회에 초청하여 세상에서 제일 설교를 잘한다는 분을 초청하여 설교를 들려주어도 구원 받지 못한 사람은 그 중 단 1%의 말씀도 알아듣지 못한다. 왜인가? 학력 때문도 지능 때문도 아니다. 영의 말씀은 영이 살아난 사람이라야 알아들을 수 있기 때문이다. 생각해보라 죽은 사람이 말을 알아듣겠는가? 죽은 사람은 말이 없을 뿐 아니라 말을 알아듣지도 무엇을 느끼지도 못한다. 거듭난다는 말은 하나님께서 죽은 영을 살려 주심을 의미한다. 그러므로 수백의 사람이 몰려

온다 할지라도 그 중에서 영적인 하나님의 말씀을 들을 수 있는 사람은 거듭난 자 뿐이다. 거듭나면 영이 살아났기 때문에 영적인 말씀을 듣기도 하고 영적인 것을 느낄 수도 있고 볼 수도 있고 영적인 것을 말할 수도 있다.

3. _____의 존재가 되었다.

● 엡 2:8-10

거듭나게 하신 이유 - _____

● 딛 3:3-8 우리도 전에는 어리석은 자요 순종하지 아니한 자요 속은 자요 여러 가지 정욕과 행락에 종 노릇 한 자요 악독과 투기를 일삼은 자요 가증스러운 자요 피차 미워한 자였으나 우리 구주 하나님의 자비와 사람 사랑하심이 나타날 때에 우리를 구원하시되 우리가 행한 바 의로운 행위로 말미암지 아니하고 오직 그의 긍휼하심을 따라 중생의 씻음과 성령의 새롭게 하심으로 하셨나니 우리 구주 예수 그리스도로 말미암아 우리에게 그 성령을 풍성히 부어 주사 _____ 이 말이 미쁘도다 원하건대 너는 이 여러 것에 대하여 굳세게 말하라 이는 하나님을 믿는 자들로 하여금 조심하여 선한 일을 힘쓰게 하려 함이라 이것은 아름다우며

사람들에게 유익하니라

- 요 13:14

하나님께서 우리를 새로운 피조물로 거듭나게 하신 것은 지난날의 어두웠던 모든 삶을 청산하고 마귀의 자녀가 아닌 새로운 사람 곧 하나님의 자녀로 살도록 하시기 위함이다. 하나님의 자녀의 삶은 어떠해야 하는가? 하나님의 자녀는 하나님을 닮아가는 삶을 살아야 한다. 그렇게 되려면 하나님의 성품을 닮아가야 한다. 이 일은 하루아침에 되는 것이 아니다. 꾸준히 하나님의 성품으로 채워져 가야만 한다. 이것을 영적 성장이라고 말한다. 영적으로 성장하면 할수록 성도는 _____ 삶을 살아야 한다. 그 일을 위하여 우리를 거듭나게 하셨기 때문이다. 모든 사물은 섬기도록 지음 받았다. 햇빛, 공기, 물 한 방울, 먼지 하나에 이르기까지 모든 사물은 섬김을 위해 존재한다. 우리가 지금 있는 이 건물 공간 안에 있는 모든 물건도 섬김을 위해서 존재한다. 형광등, 책상, 의자, 성경책, 필기도구, 의복, 안경 어느 것 하나도 섬김을 위해 존재하지 않는 것이 없다. 이처럼 하나님께서는 모든 사물을 무엇인가를 섬기도록 지으셨다. 바울 사도는 하나님께서 사람을 거듭나게 하시는 이유가 바로 섬기도록 하시기 위해서임을 밝히고 있다. 모든 사물은 섬김이 다하면 예외 없이 폐기처분 되고 만다. 사명을 다했기 때문이다. 성도 역시 사명이 끝나면 하나님께서 데려가시는 것이다. 반대로 섬기지 않고 자기의 욕심만 채우는 사람들은 후에 병이 들게 된다. 음식도 욕심을 내서 먹으면 병이 들고 돈도 욕심을 내서 모으기만 하면 병이 든다. 무엇이든 자기 욕심만 채우려면 병이 드는 것이다. 여러분은 지금까지 얼마나 섬김의 삶을 살아 왔는가? 섬김의 삶은 존재의 이유인 것이다.

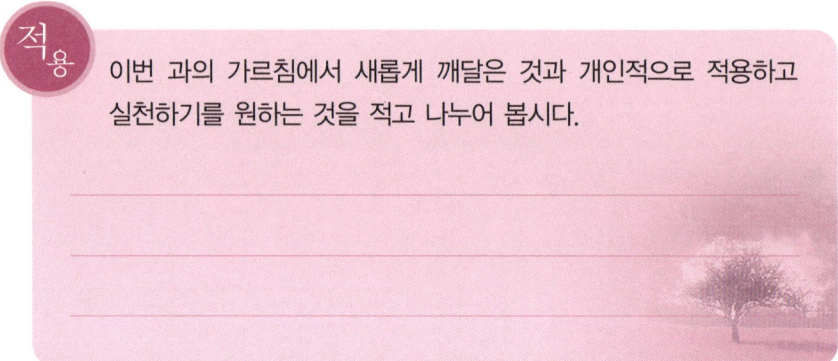

적용 이번 과의 가르침에서 새롭게 깨달은 것과 개인적으로 적용하고 실천하기를 원하는 것을 적고 나누어 봅시다.

기도 새로운 피조물로 거듭나게 하신 은혜를 감사하며 섬김의 삶을 살도록 부르짖으며 기도하자.

5. 새롭게 하시는 성령님을 전하라

● 찬양 / 예수의 이름으로

● 겔 37:1-10 / 여호와께서 권능으로 내게 임재하시고 그의 영으로 나를 데리고 가서 골짜기 가운데 두셨는데 거기 뼈가 가득하더라 나를 그 뼈 사방으로 지나가게 하시기로 본즉 그 골짜기 지면에 뼈가 심히 많고 아주 말랐더라 그가 내게 이르시되 인자야 이 뼈들이 능히 살 수 있겠느냐 하시기로 내가 대답하되 주 여호와여 주께서 아시나이다 또 내게 이르시되 너는 이 모든 뼈에게 대언하여 이르기를 너희 마른 뼈들아 여호와의 말씀을 들을지어다 주 여호와께서 이 뼈들에게 이같이 말씀하시기를 내가 생기를 너희에게 들어가게 하리니 너희가 살아나리라 너희 위에 힘줄을 두고 살을 입히고 가죽으로 덮고 너희 속에 생기를 넣으리니 너희가 살아나리라 또 내가 여호와인 줄 너희가 알리라 하셨다 하라 이에 내가 명령을 따라 대언하니 대언할 때에 소리가 나고 움직이며 이 뼈, 저 뼈가 들어 맞아 뼈들이 서로 연결되더라 내가 또 보니 그 뼈에 힘줄이 생기고 살이 오르며 그 위에 가죽이 덮이나 그 속에 생기는 없더라 또 내게 이르시되 인자야 너는 생기를 향하여 대언하라 생기에게 대언하여 이르기를 주 여호와께서 이같이 말씀하시기를 생기야 사방에서부터 와서 이 죽음을 당한 자에게 불어서 살아나게 하라 하셨다 하라 이에 내가 그 명령대로 대언하였더니 _____ 일어나 서는데 극히 큰 군대더라

에스겔 선지자는 하나님께서 권능으로 자신에게 임하시고 그 신 곧 성령으로 자신을 뼈들이 가득한 골짜기로 데리고 가셔서 "이 뼈들이 능히 살겠느냐?" 물으셨다고 고백하고 있다.

하나님께서 에스겔에게 이 환상을 보여주신 것은 죽은 자들이 어떻게 살아날 수 있는지를 보여주시기 위함이었다.

하나님께서는 에스겔 시대에 죽은 자들로 살아나게 하셨다면 지금도 그 역사는 당연히 지속될 수 있음을 믿어야 한다. 그리고 이 세상 마지막에 주님께서 재림하시는 날에도 어김없이 죽은 자들이 부활될 것이다.

하나님께서는 성령으로 그 일을 행하신다. 성령은 창조 시에 하나님 아버지와 그 아들과 함께 세상을 창조하셨다. 지금도 하나님께서는 그 아들과 함께 성령으로 일하신다. 성령은 회복의 영이시다. 살리시는 영이시다. 오늘도 하나님께서는 성령으로 원하시는 자들을 치료하시고 살리신다.

반면 사단 곧 마귀는 파괴의 영이다. 따라서 마귀는 모든 것을 파괴시키는데 주력한다.

마귀가 역사하면 개인이 파산되고 가정이 파괴되고 국가가 망하고 인류가 불행해진다. 그럼에도 불구하고 세상은 마귀의 편에 서며 마귀가 좋아하는 일을 일삼는다. 그래서 세상은 불행의 늪에 빠져 있다.

그렇다면 성도는 무엇을 해야 한단 말인가?

성령의 능력으로 세상을 회복시키는 일을 해야 한다. 성령의 능력으로 죽은 자를 살리며 병든 자를 고치며 파괴의 영인 귀신을 쫓아내야 한다. 이것이 주님께서 우리에게 명하신 일이다. 이 일을 하려면 성령 충만을 받아야만 한다. 성령 충만을 받으려면 어떻게 해야 하는가?

1. _____ 을 받으라

● 행 2:38

● 마 3:11

● 눅 24:47

● 행 3:19

※ 히 12:15 쓴 뿌리 제거 / 고후 10:4-5 견고한 진 제거

　성령님은 거룩하신 영이므로 성령님을 모시려면 _____ 해야만 한다. 그러므로 회개하고 세례를 받고 죄 사함을 받아야 한다. 회개란 가던 길에서 돌이키는 것을 말한다. 죄악 된 길로 가던 걸음이 완전히 U턴하는 것을 말한다. 성령을 받기 위해서는 회개하고 세례를 받음으로 죄 사함을

받아야 한다. 유쾌하게 되는 날은 죄 사함을 받고 성령을 받음으로 주어지는 은혜이다. 죄는 성령님의 역사하심에 장애물이다.

2. _____을 가까이 하라

- 행 10:44

- 고전 2:4

- 엡 6:17

- 벧후 1:21

- 요 14:17

성령님은 하나님의 영이시며 그리스도의 영 곧 진리의 영이시다. 따라서 성령님은 _____ 가운데서 역사를 행하신다. 말씀을 떠나서는 역사하지 않으신다. 성령께서는 말씀을 검으로 사용하신다.

3. 약속을 믿고 사모하며 _____ 하라

● 눅 11:9-13 내가 또 너희에게 이르노니 구하라 그러면 너희에게 주실 것이요 찾으라 그러면 찾아낼 것이요 문을 두드리라 그러면 너희에게 열릴 것이니 구하는 이마다 받을 것이요 찾는 이는 찾아낼 것이요 두드리는 이에게는 열릴 것이니라 너희 중에 아버지 된 자로서 누가 아들이 생선을 달라 하는데 생선 대신에 뱀을 주며 떡을 달라 하면 돌을 주며 생선을 알을 달라 하는데 전갈을 주겠느냐 너희가 악할지라도 좋은 것을 자식에게 줄 줄 알거든 하물며 너희 하늘 아버지께서 _____

_____

※ 구하는 자에게 성령을 주신다.

● 행 1:14

● 행 2:1-4 오순절 날이 이미 이르매 그들이 다같이 한 곳에 모였더니 홀연히 하늘로부터 급하고 강한 바람 같은 소리가 있어 그들이 앉은 온 집에 가득하며 마치 불의 혀처럼 갈라지는 것들이 그들에게 보여 각 사람 위에 하나씩 임하여 있더니 그들이 다 성령의 충만함을 받고 성령이 말하게 하심을 따라 다른 언어들로 말하기를 시작하니라

NOTE

● 행 4:31

● 행 8:15

● 행 8:17

　　성령은 사모하고 기도하는 자에게 임하신다. 하나님께서는 기도하는 자에게 성령을 충만하게 부어 주사 회복시키시며 권능으로 일하게 하신다. 성령은 회복의 영이시므로 성령 충만을 받으면 우리에게 강력한 회복의 역사가 일어난다. 이 때 치유의 역사도 일어난다. 그러므로 성령 충만 받기를 _____ 하라.

4. 성령을 따라 _____ 하라

● 갈 5:16

● 갈 5:25

● 엡 4:30

● 살전 5:19

　성령의 인도하심을 따라 행하고 육체의 욕심을 _____ 말아야 한다. 육체의 욕심을 따르면 성령을 근심케 하는 것이다. 성령 충만을 받으려면 죄 사함을 받아야 하며 말씀 안에 거해야 하며 성령 충만을 사모하고 기도해야 하며 성령을 따라 행해야 한다. 성령보다 앞서가면 성령의 능력을 체험할 수 없다. 결코 성령보다 앞 서 가지 말라. 성령충만해야 은사와 권능을 행할 수 있다. 그 때에 병 고침의 능력을 행할 수 있다.
　어린아이와 같은 신앙생활 가운데 회복의 영이신 성령께서 역사하시면 100% 반드시 병이 낫는다.

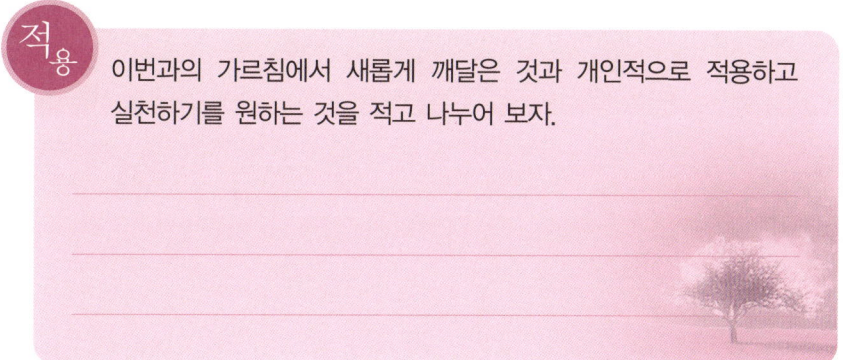

적용 이번과의 가르침에서 새롭게 깨달은 것과 개인적으로 적용하고 실천하기를 원하는 것을 적고 나누어 보자.

기도 성령충만을 위해 간절히 부르짖으며 기도합시다.

6 말씀으로 치료하시는 하나님을 전하라

- **찬양** / 내 손을 주께 높이 듭니다
- **사 58:6-11** / 내가 기뻐하는 금식은 흉악의 결박을 풀어 주며 멍에의 줄을 끌러 주며 압제 당하는 자를 자유하게 하며 모든 멍에를 꺾는 것이 아니겠느냐 또 주린 자에게 네 양식을 나누어 주며 유리하는 빈민을 집에 들이며 헐벗은 자를 보면 입히며 또 네 골육을 피하여 스스로 숨지 아니하는 것이 아니겠느냐 그리하면 네 빛이 새벽 같이 비칠 것이며 네 치유가 급속할 것이며 네 공의가 네 앞에 행하고 여호와의 영광이 네 뒤에 _____

_____ 만일 네가 너희 중에서 멍에와 손가락질과 허망한 말을 제하여 버리고 주린 자에게 네 심정이 동하며 괴로워하는 자의 심정을 만족하게 하면 네 빛이 흑암 중에서 떠올라 네 어둠이 낮과 같이 될 것이며 여호와가 너를 항상 인도하여 메마른 곳에서도 네 영혼을 만족하게 하며 네 뼈를 견고하게 하리니 너는 물 댄 동산 같겠고 물이 끊어지지 아니하는 샘 같을 것이라

하나님은 만유를 창조하셨고 만유를 다스리시는 분으로 전지전능하시다.

그러기에 하나님께는 불가능이 전혀 없다. 하나님께서 원하시기만 하시면 모든 것을 하실 수 있다.

우리의 삶의 모든 문제는 하나님의 손에 달려 있다. 하나님께서 원하신다면 우리의 문

제는 아주 쉽게 해결된다.

우리의 질병 역시 그러하다. 병원에서 치료를 받으려면 수많은 고통이 수반된다. 많은 물질과 시간을 허비하고 치료하는 과정의 고통을 받아야만 한다. 그러나 하나님께서 치료하시면 아무런 고통도 지불할 필요가 없다.

이 얼마나 놀라운 은혜인가?

이러한 은혜를 받기를 원하는가?

예수님께서는 소경을 만나셔서 "네게 무엇을 하여주기를 원하느냐?"고 물으셨다(막 10:51; 눅18:41).

오늘도 동일한 예수님께서 치료 받기를 원하는 자들에게 묻고 계신다.

치료 받기를 원하는가?

※치유사역자들은 주님의 이 같은 음성을 들을 줄 아는 자들을 찾아서 치유사역을 펼쳐야만 한다.

그러기 위해서는 치유사역자들이 먼저 주님의 음성에 귀 기울일 줄 알아야 한다.

주님께서 치유코자 하시는 자를 분별할 줄 알아야 한다.

성령의 음성을 따라 치유 사역을 펼치라

NOTE

1. 하나님은 모든 것을 _____ 하실 수 있다.

● 막 6:53-56 건너가 게네사렛 땅에 이르러 대고 배에서 내리니 사람들이 곧 예수신 줄을 알고 그 온 지방으로 달려 돌아 다니며 예수께서 어디 계시다는 말을 듣는 대로 병든 자를 침상째로 메고 나아오니 아무 데나 예수께서 들어가시는 지방이나 도시나 마을에서 병자를 시장에 두고 예수께 그의 옷 가에라도 손을 대게 하시기를 간구하니 손을 대는 자는 다 성함을 얻으니라

● 마 14:36

● 눅 4:40

● 행 5:16

　　예수님은 원하시는 자들을 _____ 치료해주셨다. 그리고 치료 받기를 원하는 자들을 다 치료해 주셨다. 그러므로 누구든지 진정으로 치유 받기를 원하는 자들은 치유의 은혜를 경험할 수 있다.

2. 하나님은 하나님을 _____ 하는 자들을 치료하신다.

*경외 : 두렵고 떨림으로 하나님을 섬기는 것 - 두렵다는 말은 공포가 아니라 공경심. 사랑이 포함된 공경심, 엄위하심에 대한 공경심

- 말 4:2

- 시 33:18-19

- 잠 14:27

하나님께는 모든 것을 치유하실 능력이 충만하시나 그 능력을 알지 못하거나 알고도 의뢰하지 않는 자들은 치유를 경험하지 못한다. 많은 사람들이 치유를 경험하지 못하는 것은 바로 이 때문이다. 특별히 하나님께서는 하나님을 경외하는 자들을 치료하신다. 하나님을 사랑하되 _____ 하는 마음 또한 필요하다.

NOTE

3. 하나님은 _____의 사람을 치료하신다.

● 마 9:22

● 마 15:28

● 막 5:34

● 막 10:52

● 눅 7:50

● 눅 8:48

● 눅 17:19

　　예수님은 _____ 을 보시고 치료하셨다. 치료 받는 데는 믿음이 필요하다. 치유사역자는 피치유자에게 이 믿음을 갖도록 하기 위하여 많은 수고를 아끼지 않는 것이다.

4. 하나님은 _____ 으로 치료하신다.

● 시 107:20

　　모든 질병은 말씀에 의해 치료된다. 하나님께서는 말씀으로 세상을 창조하셨다. 그리고 말씀으로 세상을 다스리신다. 말씀이 임할 때마다 하나님의 _____ 이 나타난다. 따라서 말씀이 임하면 질병도 치료된다. 치유사역자는 이 사실을 확신해야 한다. 치유는 치유사역자는 물론 피치유자 역시 하나님의 치유하심에 대한 확신이 있을 때 일어난다. 그러므로 여기서 배우는 모든 말씀을 확신케 해야만 한다. 그러기 위해선 많은 노력과 경험이 필요하다. 우선 기도의 사람이 되어야 하고 여기서 배우는 모든 말씀을 숙지해야 한다. 그리고 다양한 상황 하에서 치유실습을 해보아야 한다. 사단은 치유사역을 하려는 여러분에게 많은 도전을 해 올 것이기 때문이다. 의심을 주기도 하고 불안케 하기도 하고 염려하도록 만들기도 할 것이다. 그럴 때마다 예수님의 이름으로 모든 장애물을 물리쳐야만 한다.

4-1. 하나님께서 _____ 하시면 모든 것은 치료된다.

　치유는 내 의지와 _____ 없이 일어난다.

● 요 1:1-3

　없는 것도 _____ 임하면 창조된다. 하물며 하나님께서 _____ 우리에게서 치유가 일어나는 것은 당연하다.

● 요 2:7-10 예수께서 그들에게 이르시되 항아리에 물을 채우라 하신즉 아귀까지 채우니 이제는 떠서 연회장에게 갖다 주라 하시매 갖다 주었더니 연회장은 물로 된 포도주를 맛보고도 어디서 났는지 알지 못하되 물 떠온 하인들은 알더라 연회장이 신랑을 불러 말하되 사람마다 먼저 좋은 포도주를 내고 취한 후에 낮은 것을 내거늘 그대는 지금까지 좋은 포도주를 두었도다 하니라

● 요 11:43-44

모든 기적은 "가라사대" "이르시되" 후에 일어났다. 창조의 기적은 물론 재창조의 기적 그리고 죽은 자의 부활 역시 _____ 을 통해 일어났다. 그러므로 오늘 나에게 하나님께서 말씀해주시면 나에게도 회복이 일어난다는 사실을 피치유자에게 확신시켜라

*언어 메커니즘(mechanism) -

4-2. 말씀은 예수 그리스도시다

● 요1:1-3 태초에 말씀이 계시니라 이 말씀이 하나님과 함께 계셨으니 이 말씀은 곧 하나님이시니라 그가 태초에 하나님과 함께 계셨고 만물이 그로 말미암아 지은 바 되었으니 지은 것이 하나도 그가 없이는 된 것이 없느니라

(1) 말씀이신 예수 그리스도께서 _____ 을 입고 이 세상에 오셨다.

● 요 1:14

NOTE

(2) 말씀에 의지하여 _____ 하라

● 눅 5:5-6

_____

_____

_____

말씀에 의지하여 순종하면 _____ 이 체험된다. 말씀에 의지하여 순종하면 치유를 경험한다. 말씀이신 예수 그리스도께서 우리의 영과 육을 치료하신다.

5. 먼저 _____ 을 치료하라

● 잠 18:14

_____

_____

_____

심령(spirit) 곧 영이 건강하면 병을 이긴다. 영이 강하면 육체의 병을 이긴다는 뜻이다. 이 말씀을 역으로 하면 영이 약하면 육체의 병을 이길 수 없다는 뜻이 된다. 모든 문제는 영적인 데서 비롯된다. 육체의 병은 영이 건강하지 못한데서 비롯된다. 그러므로 치유하려면 먼저 영을 강건하게 해야 한다. 말씀으로 영을 무장시켜 심령을 튼튼하게 해주어야 한다. 그리고 치유가 일어나도록 확신 속에 거하게 해야 한다. 치유사역자는 이 사실을 바로 알아야만 한다.

이번 과의 가르침에서 새롭게 깨달은 것과 개인적으로 적용하고 실천하기를 원하는 것을 적고 나누어 봅시다.

 치유사역을 위해 일하게 하심을 감사드리며 좋은 치유사역자 가 되도록 부르짖고 기도하자.

7 하나님을 신뢰하게 하라

- **찬양** / 모든 민족에게
- **시 32:10** / 악인에게는 많은 슬픔이 있으나 여호와를 신뢰하는 자에게는 인자하심이 두르리로다

사람이 하나님을 신뢰하는 일이야 말로 그 무엇보다도 중요한 일이다.

신뢰란 맡기는 것을 말한다. 하나님의 자녀 된 자들이 하나님께 자신을 믿고 맡기는 것을 말한다. 이는 마치 어린 아이가 자신의 부모에게 자신을 의탁할 때 전혀 의심 없이 자신을 맡김과 같다.

왜 그런가?

하나님께서 우리를 지으셨고 우리를 자녀로 낳으셨기 때문이다. 우리가 하나님을 선택한 것이 아니고 하나님께서 창세전에 우리를 택하시고 우리를 지으셨으며 우리를 자녀로 낳으셨다는 말이다. 그러므로 하나님의 자녀 된 성도는 이 사실을 믿기만 하면 된다.

억지로 하나님과의 관계를 맺으려는 노력에 의해서 이루어지는 관계가 아니라 하나님의 계획에 의해서 우리가 하나님의 자녀가 된 것이다. 그러기에 우리가 억지로 하나님을 알고자 해서 하나님을 알아지는 것이 아니라 자연스럽게 하나님을 알게 된다. 이것이 하나님의 자녀인 것이다.

하나님을 아는 지식과 믿음은 노력해서 얻어지는 것이 아니라 하나님의 자녀로 태어나

면서부터 주어지는 것이다. 하나님의 자녀는 하나님의 말씀을 듣고만 있으면 자연스럽게 하나님께 대한 믿음이 자라난다. 예수님께서 이 사실을 말씀하셨다.

"진실로 진실로 네게 이르노니 사람이 거듭나지 아니하면 하나님의 나라를 볼 수 없느니라"(요 3:3)

"진실로 진실로 네게 이르노니 사람이 물과 성령으로 나지 아니하면 하나님의 나라에 들어갈 수 없느니라"(요 3:5)

거듭난다는 말은 하나님의 자녀로 태어나는 것을 말한다.

이것은 인간의 노력에 의해 되어지는 일이 아니다. 하나님께서 성령으로 하시는 일이다. 하나님께서 택하신 자들에게만 주어지는 은혜이다. 생각해보라. 어린 아이가 태어날 때 자신이 태어나고 싶은 가문이나 가정 혹은 부모를 선택할 수 있는가? 전혀 그렇지 않다. 그것은 인간의 선택이 아니라 하나님께서 하시는 일이다.

그러므로 오늘 당신이 예수님을 영접하여 하나님의 자녀가 된 것은 전적으로 하나님께서 하신 일이다. 이후의 모든 것은 전적으로 하나님께서 이끌어 가시고 돌보시고 책임져주신다.

생각해보라.

자식을 낳은 부모가 자식을 책임지지 않겠는가?

부모는 자기가 낳은 자식을 책임진다. 짐승도 자기가 낳은 새끼를 보호한다.

하물며 하나님께서 자녀로 삼으신 당신을 책임지지 않으시겠는가?

하나님의 자녀 된 성도는 할 일은 염려하는 일이 아니라 전지전능하신 하나님을 믿고 그 분께 자신을 맡기는 일이다.

그렇다면 성경은 우리에게 어떻게 하라고 교훈하는가?

1. 아무 것도 _____ 하지 말라

● 마 6:31-34 이는 다 이방인들이 구하는 것이라 너희 하늘 아버지께서 이 모든 것이 너희에게 있어야 할 줄을 아시느니라 그런즉 너희는 먼저 그의 나라와 그의 의를 구하라 그리하면 이 모든 것을 너희에게 더하시리라 그러므로 내일 일을 위하여 염려하지 말라 내일 일은 내일이 염려할 것이요 한 날의 괴로움은 그 날로 족하니라

염려는 이방인들 곧 마귀에게 속한 자들이 하는 것이라고 말씀하신다. 하나님의 자녀는 의식주뿐만 아니라 모든 문제에 대하여 염려치 말아야 한다고 말씀하신다. 대신 해야 할 것이 있다. 그것은 하나님의 나라와 의를 구하는 일이다.

2. 모든 것을 _____ 께 맡기라

어떤 의사의 말에 의하면 현대인들의 70%는 심한 스트레스로 정신과 치료를 필요로 한다고 말한다. 아무도 이 말을 부정할 수 없다고 본다. 현대인들은 너무 심한 스트레스를 견디지 못하여 소리를 지르거나 심하게 짜증을 내거나 분노하는 경우가 허다하다. 이러한 것들을 맡길 데가 없다면 당연히 건강을 잃고 만다. 다행히 성경은 우리에게 모든 것을 하나님께 맡기라고 말씀하고 있다.

2-1. 모든 _____ 을 하나님께 맡겨라

● 시 55:22

짐에는 여러 가지가 있다. 병든 부모님, 속 썩이는 자식, 물질, 질병, 사람, 직장, 사업, 학업 등이 있다. 이러한 것들은 누구에겐가 맡기지 않으면 얼마 못가서 육체 뿐 아니라 영도 병이 들고 만다. 다행히 성도는 모든 짐을 _____ 주시는 분이 계신다. 전지전능하신 하나님이 맡아 주신다. 그 분이 우리 아버지시다. 그러므로 모든 짐을 하나님께 맡기라. 의뢰하기만 하면 된다.

2-2. _____ 를 하나님께 맡겨라

● 잠 16:3

행사란 우리가 하는 모든 일을 말한다. 하나님께서는 모든 일을 하나님께 맡기라고 말씀하신다. 그 이유는 하나님께서 우리를 _____ 로 삼아 주셨기 때문이다. 이것이 하나님의 자녀들이 누리는 특권이다. 하나님께서는 마귀의 자녀들에게 결코 이 말씀을 하지 않으셨다. 자녀 된 우리에게 주신 말씀이다. 당신은 하나님의 자녀인가? 어떻게 하나님의 자녀가 되었는가? 하나님께서 우리를 자녀로 거듭나게 해주셨기 때문이다.

2-3. _____ 를 다 주께 맡겨라

● 벧전 5:7

　세상을 살아가는 동안 우리가 염려해야 할 것들은 일일이 열거할 수 없을 만큼 많다. 이러한 염려거리를 다 신경쓰다보면 이상이 생기고 만다. 그래서 정신병자가 생기고 정신병자까지는 아니더라도 건강이 심하게 상한다. 믿지 않는 사람들은 염려를 잊기 위해서 술을 마시거나 게임을 하거나 도박을 하기도 한다. 그것도 안 되면 마약에 손을 댄다. 그러나 성도는 하나님의 자녀이다. 하나님께서 모든 것을 맡아 주신다. 하나님께 _____ 하면 해결해 주신다.

3. 어떻게 맡겨야 하는가?

● 빌 4:6-7

3-1. 아무 것도 _____ 하지 말아야 한다.

● 약 1:6

염려는 믿음의 부족함 때문에 오는 것이기도 하지만 사단의 _____ 이기도 하다. 사단은 하나님께 교만하게 행동을 하다가 하나님 나라에서 쫓겨났으므로 하나님의 자녀인 성도들이 행복하게 사는 것을 몹시 싫어 하므로 신앙생활을 방해한다. 그래서 갖가지 음모를 꾸미고 부정적인 것 들을 마음에 심어주려 한다. 그 중에 하나가 바로 염려하는 일이다. 그러 므로 성도는 염려하지 말아야 한다. 염려한다고 해결되는 일은 아무것도 없다. 오히려 몸을 상하게 하고 신앙생활을 옳게 하지 못할 뿐이다.

3-2. 오직 _____ 로 맡겨야 한다.

● 빌4:6-7

하나님께서는 우리에게 기도라고 하는 너무도 소중한 _____ 을 주 셨다. 기도는 하늘 창고를 여는 열쇠와도 같다. 기도를 통하여 하늘을 열 기도 하고 닫기도 한다. 교회가 땅에서 매면 하늘에 계신 하나님께서 매 어주시고 땅에서 풀면 하늘에서도 풀어주신다. 기도는 모든 것을 여는 마 스터 키(key)와도 같다. 하루를 열고 닫는 열쇠이기도 하다. 하나님께서 는 성도들의 기도를 통해 역사하신다. 그러므로 이제부터는 염려를 내려 놓으시기 바란다. 혹시 처음 믿기 때문에 기도를 잘 못한다고 염려하지 마시기 바란다. 신생아는 부모님께 필요한 것을 달라고 말하지 못한다.

아니 부모님이 누군지도 잘 모를 수도 있다. 그렇지만 울기만 하면 부모님이 알아서 도와주신다. 잘 모른다고 염려하지 말고 형편을 말씀드리기만 하면 도와주신다.

3-3. _____ 으로 맡겨야 한다.

● 빌4:6-7

___

하나님의 자녀가 되고 보니 너무 행복하다는 생각이 들지 않는가? 그렇다. 하나님의 자녀는 전지전능하시고 완전하신 절대자 하나님의 자녀이다. 하늘 황제의 자녀이다. 겁날 것도 없고 부러울 것도 없는 존재이다. 그러고 보니 감사할 일 뿐이다. 따라서 하나님의 자녀 된 우리는 모든 것에 _____ 해야 한다. 좋은 일은 좋아서 감사하지만 안 좋은 일은 해결해 주실 것이기 때문에 감사해야 한다. 안 좋은 일이 있는가? 몸에 병이 있는가? 당신이 누구인가? 하나님의 자녀가 되지 않았는가? 그렇다면 누가 당신의 병을 치료해 주시겠는가? 그렇다. 하나님이시다. 어떤 방법으로 치료해 주시든 그것은 우리가 신경 쓸 일이 아니다. 하나님께서는 하나님의 방법으로 치료해 주실 것이다. 기도만으로 치료하시든지 기도 받고 병원을 통해서든지 약을 통해서든지 그것은 하나님께서 하실 일이다. 그런데 감사한 일은 하나님께서는 가장 완전하고 좋은 방법으로 치료해 주신다는 것이다. 할렐루야!

이제 중요한 것은 당신의 믿음이다. 앞에서도 살펴본 바와 같이 믿음대로, 믿음만큼 치료되기 때문이다. 그 이유는 우리로 하여금 더욱 좋은 믿음을 갖도록 하시기 위해서 하나님께서 취하시는 방법이다. 평강이 올 때까지 기도하라.

염려, 근심, 걱정, 불안, 초조와 같은 것은 사탄이 주는 것이다. 사탄은 파괴의 영이기 때문에 파괴의 영역에서 일한다. 그러므로 예수님의 이름으로 그런 것을 가져오는 사탄을 물리쳐라

적용
이번 과의 가르침에서 새롭게 깨달은 것과 개인적으로 적용하고 실천하기를 원하는 것을 적고 나누어 봅시다.

기도
하나님께 모든 것을 맡길 수 있는 믿음을 달라고 간절히 부르짖고 기도합시다.

8

믿음으로 행하게 하라(1)

● **찬양** / 주님 말씀하시면

● **막 11:20-24** / 그들이 아침에 지나갈 때에 무화과나무가 뿌리째 마른 것을 보고 베드로가 생각이 나서 여짜오되 랍비여 보소서 저주하신 무화과나무가 말랐나이다 예수께서 그들에게 대답하여 이르시되 하나님을 믿으라 내가 진실로 너희에게 이르노니 누구든지 이 산더러 들리어 바다에 던져지라 하며 그 말하는 것이 이루어질 줄 믿고 마음에 의심하지 아니하면 그대로 되리라 그러므로 내가 너희에게 말하노니 무엇이든지 기도하고 구하는 것은 받은 줄로 믿으라 그리하면 너희에게 그대로 되리라

우리의 삶에 있어서 믿음은 가장 중요한 요소이다.

왜인가? 모든 것이 믿음에 따라 결정되어지기 때문이다. 성경을 보면 모든 것은 믿은 대로 된 것을 볼 수 있다. 피조물인 인간이 창조자이신 하나님을 믿을 때 그 믿음에 따라 하나님께서 역사를 행하신다. 피조물인 인간이 조물주이신 하나님을 믿는 일은 너무도 자연스럽고 당연한 일이지만 인간이 타락하여 영이 죽게 되었기 때문에 인간은 영적인 세계와 하나님을 바로 알 수 없게 되었다.

그런데 성령님의 역사로 말미암아 죽었던 영이 다시 살아나면서 곧 거듭나면서 영적인 눈과 귀가 열리게 되고 영적인 감각을 갖게 된다. 이때부터 하나님을 알게 되고 영적인 세계를 알아가기 시작한다. 말씀을 들을 때 하나님을 알게 되고 인간이 하나님의 피조물이며

타락하여 저주와 고통을 당하게 된 것을 알게 되며 어떻게 인간이 죄와 저주와 불행에서 벗어날 수 있는지를 알게 된다. 그리고 죄와 저주와 불행에서 벗어날 수 있는 길은 오직 구원자이신 하나님의 아들 예수 그리스도를 믿어야만 가능하다는 사실도 알게 되며 성령님의 역사로 자신이 거듭났으며 하나님의 자녀로서 살아가게 된 것도 알게 된다.

하나님께서는 하나님의 자녀로 삼아주신 성도를 사랑하셔서 성도들의 모든 소원과 기도에 응답하심을 알고 믿게 되면서부터 하나님의 신비한 은혜들을 체험하기 시작한다. 모든 저주와 불행에서 벗어났음을 확신하고 기도하면 하나님께서 응답하신다는 사실을 믿을 때 모든 것이 해결됨을 경험하기 시작한다.

이 얼마나 놀라운 은혜인가?

이러한 은혜는 아무나 받는 것이 아니라 하나님께서 택하시고 부르시고 은혜를 주시는 자들이 누리는 특권이다. 당신이 이곳에 와서 말씀을 듣게 된 것은 우연이 아니라 하나님의 뜻이 있었기에 가능했음을 알라.

왜냐하면 지금까지 당신은 말씀을 들었고 그 들은 말씀을 통해 영적으로 보고 들으며 많은 것을 느끼게 되었고 깨닫게 되었기 때문이다.

그러므로 이 사실에 감사하라.

그리고 지금부터는 당신이 말씀을 들을 때 더욱 큰 믿음이 생기게 될 것이고 놀라운 역사를 보게 될 것이다.

NOTE

1. _____ 을 믿으라

● 창 1:1

창조주 하나님

● 렘 32:27

_____ 못함이 없는 분

● 행 17:24-27 우주와 그 가운데 있는 만물을 지으신 하나님께서는 천지의 주재시니 손으로 지은 전에 계시지 아니하시고 또 무엇이 부족한 것처럼 사람의 손으로 섬김을 받으시는 것이 아니니 이는 만민에게 생명과 호흡과 만물을 친히 주시는 이심이라 인류의 모든 족속을 한 혈통으로 만드사 온 땅에 살게 하시고 그들의 연대를 정하시며 거주의 경계를 한정하셨으니 이는 사람으로 혹 하나님을 더듬어 찾아 발견하게 하려 하심이로되 그는 우리 각 사람에게서 멀리 계시지 아니하도다

천지의 주재 - _____

● 사 40:27-31 야곱아 어찌하여 네가 말하며 이스라엘아 네가 이르기를 내 길은 여호와께 숨겨졌으며 내 송사는 내 하나님에게서 벗어난다 하느냐 너는 알지 못하였느냐 듣지 못하였느냐 영원하신 하나님 여호와, 땅 끝까지 창조하신 이는 피곤하지 않으시며 곤비하지 않으시며 명철이 한이 없으시며 피곤한 자에게는 능력을 주시며 무능한 자에게는 힘을 더하시나니 소년

이라도 피곤하며 곤비하며 장정이라도 넘어지며 쓰러지되 오직 여호와를 앙망하는 자는 새 힘을 얻으리니 독수리가 날개치며 올라감 같을 것이요 달음박질하여도 곤비하지 아니하겠고 걸어가도 피곤하지 아니하리로다

피곤한 자에게 _____ 을 주시는 분

● 슥 4:6

성령으로 모든 것을 _____ 하나님을 믿으라

하나님은 세상을 창조하신 분으로 모든 것을 다스리시는 분이시다. 하나님께는 불가능이 없고 무엇이든 _____ 수 있다. 우리의 모든 문제를 해결해 주신다. 모든 병 또한 치료하실 수 있다. 다만 믿을 때 해결해 주신다.

2. 말하는 것이 이룰 줄 _____ 마음에 의심치 말라

● 마 8:5-13 예수께서 가버나움에 들어가시니 한 백부장이 나아와 간구하여 이르되 주여 내 하인이 중풍병으로 집에 누워 몹시 괴로워하나이다 이르시되 내가 가서 고쳐 주리라 백부장이 대답하여 이르되 주여 내 집에 들어오심을 나는 감당하지 못하겠사오니 다만 말씀으로만 하옵소서 그러면 내 하인이 낫겠사옵나이다 나도 남의 수하에 있는 사람이요 내 아래에도 군사가 있으니 이더러 가라 하면 가고 저더러 오라 하면 오고 내 종더러 이 것을 하라 하면 하나이다 예수께서 들으시고 놀랍게 여겨 따르는 자들에게

NOTE

이르시되 내가 진실로 너희에게 이르노니 이스라엘 중 아무에게서도 이만한 믿음을 보지 못하였노라 또 너희에게 이르노니 동서로부터 많은 사람이 이르러 아브라함과 이삭과 야곱과 함께 천국에 앉으려니와 그 나라의 본 자손들은 바깥 어두운 데 쫓겨나 거기서 울며 이를 갈게 되리라 예수께서 백부장에게 이르시되 가라 _____ 하시니 그 즉시 하인이 나으니라

_____ 주신다.

● 마 7:7-11 구하라 그리하면 너희에게 주실 것이요 찾으라 그리하면 찾아낼 것이요 문을 두드리라 그리하면 너희에게 열릴 것이니 구하는 이마다 받을 것이요 찾는 이는 찾아낼 것이요 두드리는 이에게는 열릴 것이니라 너희 중에 누가 아들이 떡을 달라 하는데 돌을 주며 생선을 달라 하는데 뱀을 줄 사람이 있겠느냐 너희가 악한 자라도 좋은 것으로 자식에게 줄 줄 알거든 하물며 하늘에 계신 너희 아버지께서 구하는 자에게 좋은 것으로 주시지 않겠느냐

_____ 하면 주신다.

● 롬 8:32
_____
_____
_____

모든 것을 _____ 없이 주신다.

176

NOTE

하나님의 자녀에게는 엄청난 특권이 있다. 그것은 전지전능하신 하나님께서 그분의 자녀들에게 주시는 특별한 권세이다. 그렇다. 왕의 자녀들은 특별한 혜택을 누린다. 하나님의 자녀들은 전지전능하시며 만유의 주재가 되시는 하나님의 자녀로서 아주 특별한 혜택을 누린다. 하나님께서는 자녀 된 성도들이 믿음으로 구하고 행하기만 하면 하늘과 땅의 모든 권세를 누리게 하신다. 하나님의 능력을 _____ 의심치 않으면 그 믿음대로 이루어 주신다. 이렇게 놀라운 특권이 우리에게 주어졌다는 것을 생각해 보라. 얼마나 황홀한 일인가? 그렇다. 하나님께서는 우리를 지으실 때 행복한 존재로 지으셨다. 하나님께서는 지금 나와 당신이 이 특권을 누리길 원하고 계신다. 의심하지 말고 받으라.

하나님은 전지전능하신 분이시다. 만일 이 사실을 믿기만 한다면 당신은 오늘 이 순간 놀라운 순간을 맞게 된다. 그 무엇도 온전한 믿음 앞에서는 다 해결되기 때문이다. 그러나 온전한 믿음을 방해하는 것들이 있다. 그 중에서도 가장 큰 장애물은 불신앙이다. 오늘 당신이 하나님의 큰 은혜를 체험하려면 이 불신앙을 없애고 온전한 믿음을 갖아야만 한다. 어떻게 해야 하는가? 그렇다면 다음의 사실을 기억하기 바란다.

공사장의 큰 바위는 단 번에 깨어지지 않는다. 공사장의 인부는 큰 바위를 깨뜨리기 위하여 긴 해머로 여러 번 내리치지만 큰 바위는 끄떡도 하지 않는다. 하지만 바위를 깨는 인부는 당연하다는 듯 태연하게 바위를 내려치고 또 친다. 그러면 얼마 가지 않아 끄떡도 하지 않던 바위가 쩍 갈라지는 것을 본다. 겉으로 보기에는 바위에 전혀 변화가 없는 것처럼 보였지만 속으로는 계속해서 충격을 받아 균열이 생겼기 때문에 한 순간에 깨어지는 것이다. 이처럼 지금부터 당신 안에 있는 불신앙이라는 장애물을 깨뜨릴 것이다. 만약 큰 바위보다 더 큰 산 같은 바위가 있더라도 문제될 것은 없다. 해머로 할 수 없는 산 같은 바위는 바위에 깊이 구멍을 뚫고 거기에 다이너마이트를 넣어 폭파시키는 방법을 사용하면 되기 때문이다.

하나님께서는 이미 당신의 상태를 아시고 지금 이 자리에 부르셨다. 하나님께서는 돌 같은 마음을 깨뜨리시고 믿음을 심어 주시기 위해 당신을 부르신 것이다. 그러므로 당신의 삶은 새로운 변화 속에 놓여 있고 계속 놀라운 일을 경험하게 될 것이다. 충분히 기대해도 좋다.

당신의 불신앙의 바위 덩어리를 깨뜨릴 망치가 지금 준비되어 있다. 그것은 바로 하나님의 말씀 곧 말씀이라는 망치이다. 이 망치는 모든 불신앙을 깨뜨릴 수 있다. 당신 안에 있는 불신앙의 바위 덩어리가 깨지는 것을 느끼는 순간 당신은 지금까지 경험해 보지 못한 엄청난 것을 경험하게 될 것이다. 그리고 복음이 당신 안에 들어가면 당신은 견딜 수 없는 은혜를 경험하게 된다. 복음은 핵무기 보다 큰 위력을 지녔다. 그 앞에서 해결되지 않을 것이란 그 무엇도 없다(눅 4:18-19).

3. 모든 것은 _____ 대로 이루어진다.

● 마 8:13

● 마 9:20-22

● 마 9:28-30

　　　_____은 모든 문제 해결의 열쇠 곧 마스터 키(key)와 같다. 하나님께서는 우리에게 믿음을 주셔서 모든 문제를 해결 받을 수 있는 길을 열어 주셨다. 그러므로 더 이상의 불행을 겪어야 할 이유가 없는 것이다. 그럼에도 불구하고 계속 불행을 겪는 자들은 누구인가? 그들은 여전히 믿음으로 살지 않는 자들이다. 그들은 스스로 불행의 길을 걷고 있는 자들이다. 얼마나 어리석은 일인가? 이 지구상의 많은 나라들 가운데 불행을 겪고 있는 나라들을 보라. 그들 나라들은 공산주의 국가나 불교국가 그리고 이슬람 국가들에 속해 있다. 그들은 철저히 복음을 거절하고 여전히 불행의 길을 걷고 있다. 그러나 복음을 받아들인 나라들을 보면 얼마나 많은 은혜를 받고 살고 있는가? 너무도 명백하지 않은가?

　　그러므로 오늘 당신은 복음 안에 들어 왔음을 감사하라. 그리고 의심하지 말고 복음의 축복 안에서 살라.

NOTE

이번 과의 가르침에서 새롭게 깨달은 것과 개인적으로 적용하고 실천하기를 원하는 것을 적고 나누어 봅시다.

능력 있는 치유사역자가 되게 해 달라고 간절히 부르짖고 기도하자.

9

믿음으로 행하게 하라(2)

● 찬양 / 우리 보좌 앞에 모였네

● 막 5:34 / 예수께서 이르시되 딸아 네 믿음이 너를 구원하였으니 평안히 가라 네 병에서 놓여 건강할지어다

1979년 9월 6일 미스 아메리카 선발 대회에서 1등으로 당선 된 세릴프레위트양의 간증은 한때 많은 은혜를 끼쳤다.

그녀는 1968년 어렸을 때 아버지와 함께 자동차를 타고 가다가 차가 전복되어 왼쪽 다리를 다쳐서 봉합수술을 받았지만 휠체어를 타고 다니는 불구자가 되었다. 그 후 상처는 아물었지만 세포가 죽었기 때문인지 발육이 정지되어 왼쪽 다리가 오른쪽 다리보다 2인치 짧은 절름발이가 되고 말았다. 모두들 그녀의 뛰어난 용모를 아까워했지만 어쩔 수 없는 일이었다. 그러나 그녀는 교회에 참석하여 훌륭한 신앙의 소녀로 성장했다.

1974년 10월 21일 그녀는 미시시피주의 잭슨시에서 열린 부흥회에 참석했는데 300여 명의 참석자 가운데 섞여 하나님께 자기의 다리가 낫게 해달라고 마음을 쏟아 기도했다. 열심으로 기도하고 있을 때 자기의 왼쪽 다리가 쭉쭉 늘어나는 것을 느꼈다. 일어나 걸어 보았다. 기적이 일어났다. 그리고 마침내 그녀는 52대 미스 아메리카로 당선되었다.

미스 아메리카는 미스 유니버스나 다른 미인들과는 달리 용모만이 아니라 교양이 많

은 사람이 당선되므로 거기에 뽑히는 사람은 더 명예스럽다고 한다. TV에서 그녀는 간증하기를 "주님 외에 누가 저를 고쳤겠습니까?" 라며 아름다운 소리로 주님을 찬송했다.

믿음이란 사실 그대로를 인정하고 받아들일 뿐 아니라 신뢰하는 것을 말한다.
그런데 사람들이 믿지 못하는 이유는 무엇인가?
그것은 사람 안에 타락한 본성이 여전히 남아 있기 때문이기도 하지만 우리 안에 불신앙을 심어주는 사단의 역사 때문이다. 사단은 우리로 하여금 하나님의 자녀로 살지 못하도록 방해한다. 우리의 가는 길을 가로 막아 믿음의 길을 가지 못하도록 한다. 왜냐하면 성도가 믿음을 갖게 되면 자신들의 영역이 줄어들기 때문이다.

그래서 사단은 믿음을 갖기를 원하는 자들의 마음에 의심을 심거나 신앙생활을 방해한다. 그 중에 가장 큰 방해는 말씀을 듣지 못하게 하는 것이다. 왜냐하면 믿음은 하나님의 은사이지만 말씀을 통해서 계속 성장하게 된다.

따라서 사단은 성도들이 말씀을 가까이 하는 것을 방해할 계략을 항상 펼치게 된다. 오늘 이 자리는 복음의 진수를 경험하는 자리이다. 그러므로 사단은 이 치료과정을 몹시 방해할 것이다. 그러나 그 방해에 절대로 넘어지지 않기를 바란다. 모든 의심을 물리치고 말씀에 귀를 기울이고 집중하시기 바란다.

1. 믿음은 모든 것을 _____ 하게 한다.

● 막 9:23

● 막 10:52

● 요 11:40-44 예수께서 이르시되 내 말이 _____ 하지 아니하였느냐 하시니 돌을 옮겨 놓으니 예수께서 눈을 들어 우러러 보시고 이르시되 아버지여 내 말을 들으신 것을 감사하나이다 항상 내 말을 들으시는 줄을 내가 알았나이다 그러나 이 말씀 하옵는 것은 둘러선 무리를 위함이니 곧 아버지께서 나를 보내신 것을 그들로 믿게 하려 함이니이다 이 말씀을 하시고 큰 소리로 나사로야 나오라 부르시니 죽은 자가 수족을 베로 동인 채로 나오는데 그 얼굴은 수건에 싸였더라 예수께서 이르시되 풀어 놓아 다니게 하라 하시니라

믿을 때 놀라운 _____ 이 일어난다. 귀신이 쫓겨 가고 병든 자가 고침을 받고 죽은 자가 살아나게 된다. 지금까지 필자를 통해 하나님께서는 이러한 능력을 행하셨다. 귀신이 쫓겨나고 각종 병든 자가 회복되며 혼수상태에 빠진 분들이 기도 즉시 일어나는 경우들을 다양하게 경험했다. 지금 이 순간에도 하나님은 역사하고 계신다. 의심하지 말고 믿고 신뢰하기만 하라. 역사는 하나님께서 행하신다.

2. 하나님께서 _____ 자들에게 역사하신다.

● 막 9:23-27 예수께서 이르시되 할 수 있거든 이 무슨 말이냐 _____ 하시니 곧 그 아이의 아버지가 소리를 질러 이르되 내가 믿나이다 나의 믿음 없는 것을 도와 주소서 하더라 예수께서 무리가 달려와 모이는 것을 보시고 그 더러운 귀신을 꾸짖어 이르시되 말 못하고 못 듣는 귀신아 내가 네게 명하노니 그 아이에게서 나오고 다시 들어가지 말라 하시매 귀신이 소리 지르며 아이로 심히 경련을 일으키게 하고 나가니 그 아이가 죽은 것 같이 되어 많은 사람이 말하기를 죽었다 하나 예수께서 그 손을 잡아 일으키시니 이에 일어서니라

● 마 9:28-31 예수께서 집에 들어가시매 맹인들이 그에게 나아오거늘 예수께서 이르시되 내가 능히 이 일 할 줄을 믿느냐 대답하되 주여 그러하오이다 하니 이에 예수께서 그들의 눈을 만지시며 이르시되 _____ 그 눈들이 밝아진지라 예수께서 엄히 경고하시되 삼가 아무에게도 알리지 말라 하셨으나 그들이 나가서 예수의 소문을 그 온 땅에 퍼뜨리니라

● 마 15:28

● 행 3:16

성전 미문의 나면서 앉은뱅이 된 자를 _____

● 행 14:9

예수께서는 병든 자들을 고쳐 주실 때 먼저 그들의 _____ 을 보시고 고쳐주셨다. 고침 받을 만한 믿음이 있으면 그 때나 지금이나 동일하게 역사가 일어날 수 있음을 알라. 오늘 나에게 하나님께서 말씀만 하시면 치유는 일어나게 된다. 그것은 나의 의지 때문이 아니라 믿음 때문에 일어나는 역사이다. 그러므로 천지만물을 창조하시고 그것을 다스리시고 오늘 나를 치유하시는 하나님을 굳게 믿으라.

확인질문 : 오늘까지 들은 말씀을 그대로 믿는가? 얼마나 믿어지는가?

치유기도 : 확인 후 100% 확신하면 치유기도를 해주라 혼자보다는 멤버들과 함께 기도하라 기도할 때 머리에 손을 얹고 기도하지 말고 어깨나 등이나 팔과 같은 부분에 손을 얹고 기도하라 환자는 환부에 손을 대고 기도하게 하라.

● 누가복음 22:31-32

NOTE

※ 믿음이 _____ 않기를 기도해야 한다.

 이번과의 가르침에서 새롭게 깨달은 것과 개인적으로 적용하고 실천하기를 원하는 것을 적고 나누어 봅시다.

 하나님의 뜻을 분별할 수 있는 치유사역자가 되게 해 달라고 간절히 부르짖고 기도합시다.

10
믿음으로 행하게 하라(3)

● **찬양** / 마지막 날에

● **막 6:56** / 아무 데나 예수께서 들어가시는 지방이나 도시나 마을에서 병자를 시장에 두고 예수께 그 의 옷 가에라도 손을 대게 하시기를 간구하니 손을 대는 자는 다 성함을 얻으니라

하나님께서는 우리에게 너무나도 귀한 선물을 주셨다.

그것은 복음이라는 선물이다.

아무런 조건도 없이 우리에게 가장 귀한 선물을 주신 것이다. 지금까지 여러 가지 말씀을 들었는데 이 모든 말씀들은 한 마디로 말하자면 복음이다.

그렇다. 참으로 복음은 너무도 위대하다. 그런데 하나님께서 그 복음을 우리에게 주셨다. 얼마나 황홀하고 행복한 일인가? 참으로 감사한 일이 아닐 수 없다. 이 복음의 능력을 믿기만 하면 당신은 지금 이 시간 하나님의 능력을 체험할 수 있다. 바로 지금 이 순간에 말이다.

지금까지 이 사실을 액면 그대로 믿었던 분들은 다 놀라운 은혜를 체험하였다. 조금도 의심할 필요가 없다.

하나님의 능력을 체험하는 데는 아무런 대가도 지불되지 않는다. 믿기만 하면 되는 것이다. 하나님께서 치료하시면 치료의 고통이 전혀 없다. 수술을 하면 막대한 재정적 부담뿐 아니라 고통 또한 형언키 어렵다. 그런데 우리를 자녀로 삼아주신 하나님께서는 자녀

된 우리가 그 어떠한 고통도 당하기를 원치 않으신다.

생각해 보라 자식이 고통과 불행 속에 살도록 내 버려둘 부모가 어디에 있겠는가?

하물며 전지전능하시고 사랑과 은혜가 풍성하신 하나님이야 말해서 무얼 하겠는가?

그렇다. 하나님께서는 자녀 된 성도 중 그 누구도 고통당하는 것을 원치 않으신다. 다만 인간이 무지하여 하나님을 믿지 않으므로 인하여 실패와 저주의 고통을 당하거나 자녀가 된 후에도 불순종으로 인하여 질병의 고통을 당하기도 한다. 그러나 하나님께서 보내주신 예수님을 구주로 영접하고 하나님의 자녀가 되는 순간부터 하나님께서는 자녀로 대우해 주시고 놀라운 은혜를 주신다.

자녀가 된 후에 하나님을 바로 믿는 순간 묶고 있던 모든 저주와 불행의 사슬을 끊어 주사 모든 불행에서 벗어나게 해주신다. 질병은 그 중 하나이므로 당연히 해결이 된다.

하나님께서는 우리가 자녀가 되는 순간부터 우리가 아무런 어려움이나 고통 없이 살기를 원하시므로 치료해 주기를 원하신다. 우리가 할 일은 이러한 하나님 아버지를 바로 믿고 섬기기만 하면 되는 것이다.

어떻게 하겠는가?

그렇다. 하나님 아버지를 믿고 바로 섬기기만 하면 된다. 그리고 모든 문제를 해결해 주시도록 맡기기만 하면 된다.

1. 예수님의 능력은 _____ 한 능력이다.

● 마 14:36

● 마 28:18

● 막 5:25-29 혈 두 해를 혈루증으로 앓아 온 여자가 있어 많은 의사에게 많은 괴로움을 받았고 가진 것도 다 허비하였으되 아무 효험이 없고 도리어 더 중하여 졌던 차에 예수의 소문을 듣고 무리 가운데 끼어 뒤로 와서 그의 옷에 손을 대니 이는 내가 _____
생각함이러라 이에 그의 혈루 근원이 곧 마르매 병이 나은 줄을 몸에 깨달으니라

● 막 6:56

예수님의 능력은 너무도 커서 그 분의 옷 가에라도 손을 대기만 하면 나음을 얻게 되었다. 손을 대는 자는 다 나음을 입었다. 하늘과 땅의 모

NOTE

든 _____를 지니셨기 때문이다. 이 얼마나 놀라운 일인가?

2. 하나님께서는 _____에게 그 능력을 덧 입혀 주셨다.

● 마 10:1

● 눅 9:1-2

● 눅 10:9

● 마 28:18-20

● 행 19:11-12

하나님께서는 열 두 제자에게와 칠십 인의 제자에게 그리고 나중에 사도로 부름을 받은 바울 사도에게 능력을 주사 그의 손으로 희한한 능력을 행하게 하셨다. 바울 사도는 성령이 충만하였다. 그러므로 성령의 나타남이 누구보다도 강하게 일어났다. 그러자 그의 몸에 지니고 있는 손수건이나 앞치마를 가져다 병든 사람에게 얹기만 해도 병이 낫게 되고 귀신이 떠나가게 되었다. 치유사역자는 성령의 충만을 받아야 한다. 성령이 충만할 때 성령의 _____ 이 있다. ※고전 2:4 ; 12:7

3. 하나님께서는 지금 우리에게도 그 _____ 을 주고 계신다.

● 막 16:17-18

● 약 5:14-16

NOTE

　이러한 역사들이 믿는 자들에게 따르는 _____ 들이다. 이제 하나님의 자녀로서 이 모든 혜택을 누릴 수 있게 되었으니 얼마나 감사하고 기쁜 일인가? 황홀하지 않는가? 하나님께서 이 모든 은혜를 값없이 주셨으니 당신은 이제 어떠한 삶을 살겠는가? 그렇다. 남은 생을 아직도 이 사실을 알지 못하고 고통 받는 이웃들을 살리는데 사용하기 바란다.

　치유사역자는 이제 자신의 생을 하나님께 _____ 만 한다. 이것은 불행의 길에 접어드는 것이 아니라 가장 황홀한 길을 가는 것이다. 이제 결단하라. 더 이상의 갈등과 방황을 끝내고 하나님께 온전히 헌신하기를 바란다.

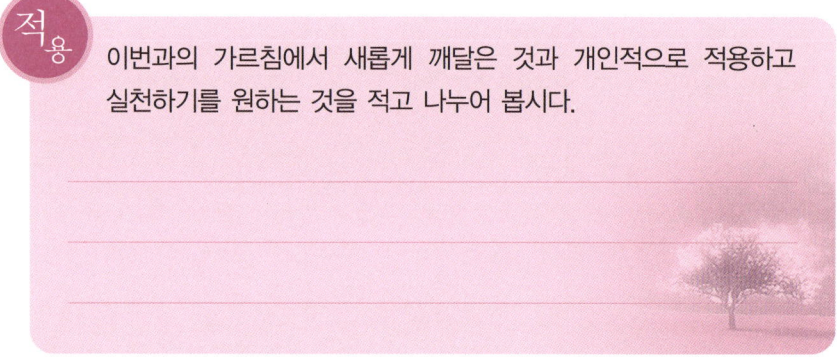

적용 이번과의 가르침에서 새롭게 깨달은 것과 개인적으로 적용하고 실천하기를 원하는 것을 적고 나누어 봅시다.

기도 능력 있는 치유사역자가 되게 해 달라고 간절히 부르짖고 기도합시다.

11 치료 후의 사후조치
(치유사역자용)

- 찬양 / 갈릴리 마을 그 숲속에서
- 행 2:42,46,47 / 그들이 사도의 가르침을 받아 서로 교제하고 떡을 떼며 오로지 기도하기를 힘쓰니라 날마다 마음을 같이하여 성전에 모이기를 힘쓰고 집에서 떡을 떼며 기쁨과 순전한 마음으로 음식을 먹고 하나님을 찬미하며 또 온 백성에게 칭송을 받으니 주께서 구원 받는 사람을 날마다 더하게 하시니라

사후조치가 있어야 한다. 사후조치는 지속적으로 영성을 유지하며 건강한 신앙생활을 하도록 하는 것이다. 만약 이를 소홀히 하면 다시 옛 모습으로 돌아갈 수도 있기 때문이다.

1. _____ 으로 보내라

- 행 2:42

- 행 2:46-47

NOTE

NOTE

● 행 19:9

셀가족 모임으로 보내라는 것이다. 셀 가족 모임은 작은 교회의 기능을 갖추고 있어서 새가족들의 신앙성장에 큰 도움을 주게 된다. 셀 가족 모임에는 영적으로 성장케 하는 말씀과 기도와 교제와 전도와 봉사가 있다. 그러므로 셀 가족 모임은 영성을 지속적으로 유지 향상케 하는 곳이다. 셀 가족 모임을 지속적으로 하는 사람은 영성이 _____으로 향상된다. 만약 셀 가족 모임이 없다면 셀 가족 모임을 만들어야 한다. 그렇지 않으면 지속적인 관리가 어렵다.

_____ 이 되지 말라

2. 기도하는 _____ 을 가르치라

● 마 6:5-13 또 너희는 기도할 때에 외식하는 자와 같이 하지 말라 그들은 사람에게 보이려고 회당과 큰 거리 어귀에 서서 기도하기를 좋아하느니라 내가 진실로 너희에게 이르노니 그들은 자기 상을 이미 받았느니라 너는 기도할 때에 네 골방에 들어가 문을 닫고 은밀한 중에 계신 네 아버지께 기도하라 은밀한 중에 보시는 네 아버지께서 갚으시리라 또 기도할 때에 이방인과 같이 중언부언하지 말라 그들은 말을 많이 하여야 들으실 줄 생각하느니라 그러므로 그들을 본받지 말라 구하기 전에 너희에게 있어야 할 것을 하나님 너희 아버지께서 아시느니라 그러므로 _____ 하늘에 계신 우리 아버지여 이름이 거룩히 여김을 받으

시오며 나라가 임하시오며 뜻이 하늘에서 이루어진 것 같이 땅에서도 이루어지이다 오늘 우리에게 일용할 양식을 주시옵고 우리가 우리에게 죄 지은 자를 사하여 준 것 같이 우리 죄를 사하여 주시옵고 우리를 시험에 들게 하지 마시옵고 다만 악에서 구하시옵소서 나라와 권세와 영광이 아버지께 영원히 있사옵나이다 아멘

● 마 7:7-11 구하라 그리하면 너희에게 주실 것이요 찾으라 그리하면 찾아낼 것이요 문을 두드리라 그리하면 너희에게 열릴 것이니 구하는 이마다 받을 것이요 찾는 이는 찾아낼 것이요 두드리는 이에게는 열릴 것이니라 너희 중에 누가 아들이 떡을 달라 하는데 돌을 주며 생선을 달라 하는데 뱀을 줄 사람이 있겠느냐 너희가 악한 자라도 좋은 것으로 자식에게 줄 줄 알거든 하물며 하늘에 계신 너희 아버지께서 구하는 자에게 좋은 것으로 주시지 않겠느냐

● 막 9:29

● 눅 18:1-8 예수께서 그들에게 항상 기도하고 낙심하지 말아야 할 것을 비유로 말씀하여 이르시되 어떤 도시에 하나님을 두려워하지 않고 사람을 무시하는 한 재판장이 있는데 그 도시에 한 과부가 있어 자주 그에게 가서 내 원수에 대한 나의 원한을 풀어 주소서 하되 그가 얼마 동안 듣지 아니하다가 후에 속으로 생각하되 내가 하나님을 두려워하지 않고 사람을 무시하나 이 과부가 나를 번거롭게 하니 내가 그 원한을 풀어 주리라 그렇지 않으면 늘 와서 나를 괴롭게 하리라 하였느니라 주께서 또 이르시되 불의한 재판장이 말한 것을 들으라 하물며 하나님께서 그 밤낮 부르짖는 택하신 자들

NOTE

의 원한을 풀어 주지 아니하시겠느냐 그들에게 오래 참으시겠느냐 내가 너희에게 이르노니 속히 그 원한을 풀어 주시리라 그러나 인자가 올 때에 세상에서 믿음을 보겠느냐 하시니라

- 눅 6:12

- 행 1:14

- 행 13:2-3

- 엡 6:18

기도는 영성을 유지하며 영적 힘을 기르게 하고 기량을 넓히도록 한다. 치유사역자의 능력은 기도에 _____ 한다. 셀 리더는 셀 멤버들에게 각종 기도를 훈련시켜야 한다.

예) 열린모임기도, 셀기도, 심야기도, 작정기도, 금식기도, 철야기도 등

3. 말씀을 _____ 하라

● 마 4:4

육- 육의 양식 : 빵, 떡, 밥 / 영-영의 양식 : 하나님 말씀

● 마 4:6

● 마 4:10

● 벧전 2:2

어린 아이가 배가 고파서 젖을 사모하듯 _____ 사모해야 한다.

NOTE

- 엡 6:17

    성도에게 있어서 하나님의 말씀은 영적 _____ 에 필요하며 사탄을 물리치는 _____ 이 된다. 말씀은 사단이 가장 겁내는 무기이다. 예수께서도 시험하는 마귀를 말씀으로 물리치셨다. 성도는 말씀으로 성장하며 말씀으로 사단을 공격할 수 있다. 매일 매일 말씀을 묵상 하도록 하고 점검해야 한다.

4. 시스템에서 _____ 하라

- 엡 6:4

- 딤전 4:6

- 딛 2:12

    새가족반을 마친 멤버를 양육 받게 하고 새가족섬김이로 봉사하게 하며 제자대학에 입학하여 셀리더로 훈련 받아 _____ 하도록 하게 해야 한다. 사역을 계속할 때 영적 기량이 강화되고 영적으로 깨어 있는 자가 되며 황홀한 사역자가 될 수 있기 때문이다.

이번과의 가르침에서 새롭게 깨달은 것과 개인적으로 적용하고 실천하기를 원하는 것을 적고 나누어 봅시다.

갈등 없이 사역자의 길을 갈 수 있게 해 달라고 간절히 부르짖고 기도합시다.

『교회성장(건강+부흥)시스템』

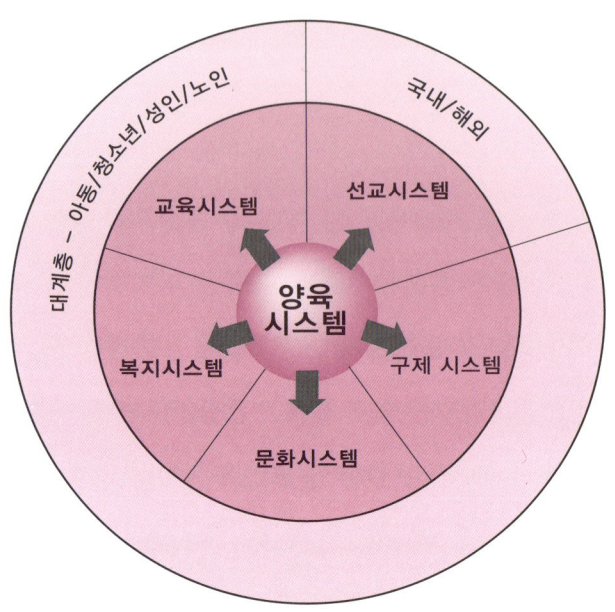

필자가 기도하면서 20년 전부터 추구해온 시스템 비젼

■ **1/5시스템과 치유교재**

요람에서 무덤까지

필자는 이 내용을 글로 표현하여 주보에 싣고 20년을 기도하고 외치며 달려 왔다.

그러나 양육시스템을 제대로 만난 것은 2004년 셀을 접하면서이다. 그 때까지는 개별 프로그램을 제대로 프로세스화하지 못하므로 소모적인 목회를 해오다 셀을 도입하면서 양육시스템을 정착시켰고 지금은 나머지 5가지 시스템을 모두 도입하면서 교회가 탄력을 받고 있다. 지금 생각해보면 참으로 오랜 시간 산고를 치렀다는 느낌을 지울 수 없다.

1/5시스템 : 1-교회영적건강 시스템 5-교회부흥시스템

이 시스템은 교회가 반드시 따라야만 한다. 이것은 초대교회가 갖추었던 시스템이기

도 하다. 그리고 양육시스템이 가장 먼저 갖추어져야 한다. 그것이 되지 않은 상태에서 나머지 5시스템을 갖추려 한다면 사상누각(砂上樓閣 / a house built on sand)처럼 힘이 없을 것이다.

교회는 하나의 양육시스템과 5대 중점사업을 해야 건강하고 부흥할 수 있고 사회에 칭찬 받는 교회가 될 수 있다.

왜 교회는 시스템이 필요한가?

프로세스 목회를 해야 하기 때문이다. 개별 프로그램이 아니라 완성된 시스템이 되어야 한다. 교회의 시스템은 마치 컨베이어 자동화 시스템처럼 돌아가야 한다.

양육시스템은 전도 - 정착 - 양육 - 리더 - 재생산으로 이어져야 하며 양육을 통해 리더가 탄생되는데 이 때 3대 사역훈련이 이루어지게 된다.

3대 사역은 가르치고 전파하고 치유하는 사역이다. 이 3대 사역은 교회를 버티게 하는 세 기둥과 같은 것이다. 세 기둥 중에 한 기둥이 빠지면 지탱할 수 없다는 것은 너무도 분명한 이치이다. 그러나 교회는 지금 세 기둥 중에 두 개만 갖추고 있는 듯하다. 대부분의 교회가 가르치고 전파하는 일은 하는데 치유하는 일은 하지 않는다. 그 이유는 무엇 때문인가?

물론 지금까지 해 온 교회는 다행한 일이나 필자가 아쉬워하는 것은 모든 교회가 모든 목회자가 모든 성도가 함께 치유사역을 할 수 있도록 훈련할 매뉴얼이 지금까지 없었다는 점이다.

필자는 26년간의 치유사역을 해오는 중 하나님께로부터 매뉴얼을 받았다. 그러나 교회가 너무도 은사에 닫혀 있어 이것을 세상에 내놓기를 꺼린 채 10여년을 컴퓨터에 저장해 놓은 채로 기다려 왔다. 그러나 주님 오실 날이 멀지 않다고 느껴지는 지금 더 이상 주저하지 말아야 한다는 일종의 강한 내적 압력에 떠밀려 치유사역교재를 세상에 내놓게 되었다. 가장 안전하게 그러면서도 강력하게 치유할 수 있는 교재라는 점을 밝혀 두는 바이다.

그리고 5시스템은 교육, 복지, 문화, 구제 그리고 선교로 초대교회가 그랬듯이 교회가 반드시 갖추어야 할 시스템이다. 규모가 작은 교회는 작은 교회에 맞게 그리고 큰 교회는 큰 교회에 맞게 해야 한다.

이 1/5시스템들 안에는 교회가 갖추어야 할 모든 컨텐츠들이 들어간다. 각 컨텐츠를 찾아 넣기만 하면 된다. 중요한 것은 각 계층이 고려되어야 한다는 것이다.

1. 시스템 소개 및 컨설팅

초대교회가 그랬듯이 1/5시스템(양육/교육/복지/문화/구제/선교)은 반드시 갖추어야 할 시스템이다. 규모가 작은 교회는 작은 교회에 맞게 그리고 큰 교회는 큰 교회에 맞게 해야 한다. 이 1/5시스템들 안에는 교회가 갖추어야 할 모든 컨텐츠들이 들어갈 수 있다. 각 컨텐츠를 찾아 넣기만 하면 된다. 중요한 것은 각 계층이 고려되어야 한다는 것이다.

1) 양육시스템

- 각 시스템의 장단점을 소개하고 교회 실정에 맞게 선택하도록 컨설팅
- ※ 이 때 중요한 것은 반드시 예수님께서 명하신 3대 사역(가르치고 전파하고 치유하는) 이 균형을 이루어야 한다.
- 시스템 종류 – 제자양육 시스템

2) 교육시스템

- 유아 아동 청소년 – 놀이방, 어린이 집, 영재스쿨 및 대안학교
- 성인 – 사회교육원 각 자격증 과정 및 문화강좌
- 어르신 – 실버대학

3) 복지시스템

- 유아 아동 청소년 – 아동 청소년 센타

- 성년 – 문화 취미 강좌
- 어르신 – 주간요양보호센타

4) 문화시스템
- 문화공간마련 – 음악교실, 체육교실, 예술교실

5) 구제시스템
- 구제금융을 통한 결식아동문제해결 – 장학금지급, 취업문제해결, 케어센타운영

6) 선교시스템
- 각 선교단체와 각 성도 연결하여 모든 성도가 한 선교 단체 이상 후원구좌운동에 참여
- 국내 – 학원선교, 외국인근로자선교, 관공서선교(시목위원회, 경목위원회), 지역연합회선교, 미자립교회선교(시찰회), 노회해외협력선교, 희망케어지역선교, 월드비전 등
- 해외 – 각국 선교

    교회마다 이러한 운동을 펼치게 되면 교회는 세상에 빛과 소금의 사명을 다하게 될 것이고 세상이 교회를 칭찬하고 교회는 반드시 부흥하게 될 것이다.

2. 각 교회마다 시스템 보급을 위해 교육기관설립 – 사회교육원 지부설립 컨설팅 한다.

3. 전체 컨퍼런스 개최 – 전체 시스템 소개

4. 세미나 – 각 시스템 소개 세미나

5. 강사선정 – 각 분야 별 전문 강사 선정 시 반드시 검증 – 자료, 임상실적 등

6. 우선순위 결정 - 시스템 결정과 재정 지원은 운동본부에서 결정한다.

7. 네트웍 - 1차 전국 / 2차 해외교민 / 3차 전세계

8. 구제 금융(fund)조성

재정 확보 없이는 목표를 이룰 수 없으므로 반드시 재정이 뒷받침 되어야 한다. 겨자씨 성장교회연합을 통해 각 컨퍼런스/ 세미나 시 일정비율(약10%) 기부를 의무로 한다.

- 기업을 통한 기금조성 - 기독교인 기업을 적극적으로 도움(기도와 홍보 등)으로 기업을 살리고 그들로 하여금 일정액을 후원 받는다.
- 기타 수익 - Hidden Card - 사회교육원
- 지출용도 : 국내 및 해외 = 성장을 위해 몸부림치는 교회를 도와주되 반드시 자립 할 의지가 있고 자립 후에 겨자씨성장교회연합을 통해 같은 처지에 있는 교회들을 도울 마음이 있는 목회자를 돕되 1차적으로는 국내 교회를 돕는 것을 목표로 한다.

9. 시행방법

교회 형편에 따라 시행하되 쉽게 접근할 수 있는 것부터 컨설팅을 통해 시작하도록 한다.

마치면서

하나님의 한이 없으신 은혜에 감사를 드립니다.

하나님은 만유의 주재시며 우리를 지으신 분이시며 우리를 다스리시는 분이십니다. 그분께서 우리를 만져주심으로 우리는 강건함 속에서 살아갈 수 있습니다.

치유는 하나님의 백성들로 하여금 고통 없이 행복하게 지내도록 하는 일입니다. 이 일은 하나님께서 원하시는 사역이며 이 일에 헌신하는 분들은 하나님 보시기에 존귀한 자들입니다. 이 책은 모든 믿는 자들이 이 사역을 준비하고 시행하는 과정을 다루었습니다. 사실은 지금까지 많은 분들이 직·간접적으로 이 사역을 접해 오셨습니다. 다만 이책은 지금까지 많은 분들이 해 오셨던 사역을 보다 더 간결하면서도 체계적으로 정리하여 누구나 이 귀중한 사역을 펼칠 수 있도록 했다는데 커다란 의미가 있다고 생각합니다. 그러나 무엇이든 그러하듯 이 사역도 많은 훈련과정이 필요합니다. 샌드백(sand back) 몇 번 두드렸다고 권투선수가 될 수 없고, 몇 일 공부했다고 일류대학에 진학을 할 수 없듯이 이 사역도 피나는 훈련이 요구됩니다.

그러나 두려워하거나 겁낼 이유가 없습니다. 하나님을 사랑하고 그 분의 자녀들을 사랑하는 마음이 있는 분들이라면 누구나 할 수 있기 때문입니다. 사랑은 모든 것을 초월하는 힘이 있기 때문입니다. 그들은 상당한 수고와 대가가 지불되더라도 기꺼이 그 일을 합니다. 즐거운 마음으로 감당하며 황홀한 사역자로 살아갑니다.

이제 이책 출판을 계기로 세계치유사역연맹(World Healing Ministry Federation)을 가동하려고 합니다. 각 대륙(Continent)과 각 나라(Nation) 그리고 각 주(State) 혹은 도(province)에 연합체가 구성되어 치유사역이 펼쳐지도록 해야 하기 때문입니다. 그렇게 해야만 하는 이유는 만물의 마지막이 가까이 와 있음을 감지하기 때문입니다. 주님께서 다시 오시기를 대망하는 사람들은 근신하며 때를 따라 주시는 은혜를 받아 사역을 펼쳐 나가야 합니다. 이 사역에 헌신하고자 하는 분들의 연합을 기대합니다.

- 저자 김응렬 목사 (☎ 070-8863-0675)

지하 공동체 카타콤에서 끝까지
믿음을 지키다 순교한 사람들의 이야기!

"아멘, 주 예수여 오시옵소서."

혼란스런 시대를 살아가는 그리스도인들이
이 책이 보여주는 충성과 순교의 정신을 통해
모든 시험을 이 길 수 있는 큰 용기를 얻을 것을 믿는다.

목숨 걸고 믿음을 지킨 사람들
작자 미상 | 국판 | 176쪽

이 책을 읽는 것 자체가 기도가 되게 만든 책입니다!
무릎 기도문 시리즈 ❶ ❷ ❸

선물용 강추!

자녀 축복 기도를 통한 전도용으로도 사용가능!

자녀를 위한 무릎 기도문
편집부 엮음 | 포켓판 | 144쪽

"엄마, 아빠 내가 이렇게 성공한 건 모두 부모님 기도 덕분이에요.
매일 무릎 꿇고 저를 위해 기도하셨잖아요."

가족을 축복하는 기도법!

가족을 위한 무릎 기도문
편집부 편저 | 포켓판 | 144쪽

"기도로 더욱 행복해진 우리 가족,
하루하루가 기쁘고 즐겁습니다."

어떻게 기도할지 모르는 새신자를 위한 기도법!

새신자 무릎 기도문
편집부 편저 | 포켓판 | 144쪽

"하나님이 어떤 분이시며, 생각하며, 감사와 죄를 회개하고
나에게 필요한 것을 하나님께 아뢰며, 우리가 누리는 은혜를 누리지
못하고 있는 사람들을 위해 간청 드린다."

"삶 속의 복잡한 문제들에 대한 예수님의 해답!"

혼란스런 문제를 성경적 원리로 해결하면
신앙생활의 결실은 저절로 얻어진다.
그것은 삼위일체 하나님과 올바른 관계를 유지하고
그분에게 온전히 순종하는 것이다.
그분은 우리의 마음을 언제라도 해결해주실 수 있는
능력의 하나님이시기 때문이다.

넉넉히 이기게하시는 하나님
오스왈드 샌더스 지음 | 국판 | 248쪽

"내 안에 거하시는 예수님을 발견하라!"

그리스도의 인격과 성품이 나의 인격과 성품이 된다!

내안에 계신 그리스도
레스 카터 지음 | 국판 | 272쪽

주일 성수 잘하고도
서울대 간 14명의 신앙과 공부비법!

"목사님! 고등부 학생들과 부모들에게 선물로 좋아요!"

● 한손엔 성경 / 한손엔 교과서를!
● 교회생활 – 입시준비 다 잘 할 수 있습니다!
● 내게 딱 맞는 공부법을 찾을 수 있습니다!
● 목회자, 교사에게 생동감 넘치는 예화 제공!

고딩, 화이팅!
편집부 | 신국판 | 208쪽

C.O.T. 강력 치유 훈련

초판 1쇄발행 2010년 1월 5일
　2쇄발행 2010년 2월 15일

지은이 김응렬
발행인 김용호
발행처 나침반출판사
등 록 1980년 3월 18일 / 제 2-32호
주 소 110-616 서울 광화문 사서함 1641호
전 화 대표 (02)2279-6321　영업부 (031)932-3205
팩 스 본사 (02)2275-6003　영업부 (031)932-3207

www.nabook.net
nabook@korea.com
nabook@nabook.net

ISBN 978-89-318-1406-4　03230
책번호 타-1004

· 값은 뒷표지에 있습니다.
· 잘못 만들어진 책은 구입처나 본사에서 바꿔드립니다.

나침반출판사는 우리를 구원하신 아름다운 주님을
21세기 문명의 이기(利器)를 통하여 널리 전하고 싶습니다.